내 영어와 삶의 지혜를 동시에 성장시키는

슬기로운 하루 1줄 영어 필사

시원스쿨닷컴

슬기로운 하루 1줄 영어 필사

초판 1쇄 발행 2025년 2월 28일

지은이 시원스쿨
펴낸곳 (주)에스제이더블유인터내셔널
펴낸이 양홍걸 이시원

홈페이지 www.siwonschool.com
주소 서울시 영등포구 영신로 166 시원스쿨
교재 구입 문의 02)2014-8151
고객센터 02)6409-0878

ISBN 979-11-6150-948-8 13740
Number 1-120101-13181800-08

Improve Your English and Wisdom
with One English Saying a Day.

내 영어와 삶의 지혜를
동시에 성장시키는
슬기로운 하루 1줄 영어 필사

Welcome.

환영합니다.

내 영어와
삶의 지혜를
동시에 성장시키는
슬기로운 하루 1줄 영어 필사 노트의
첫 장을 펼치신 여러분,
진심으로 환영합니다.

Improve
Your English and
Wisdom with
One English Saying
a Day.

나를 나 자신답게 하는 '**자존감**', 살면서 내가 진짜 이루고픈 '**꿈**', 서로가 하나가 되는 기적과도 같은 '**사랑**', 내 삶의 버팀목이 되는 '**우정**', 좌절과 시련을 극복할 수 있게 하는 '**희망**', 진정한 삶에 필요한 '**행복**', 담대한 도전과 모험을 위한 '**용기**', 평화로운 공존에 필요한 '**자유**', 사회의 부당함을 치료하는 '**정의**', 그리고 이 모든 것을 잘 실현해낸 참된 '**인생**'이란 가치.

'슬기로운 하루 1줄 영어 필사'는 우리 삶에 있어 가장 중요한 이러한 10가지 가치들에 대한 영어 명언 100개를 매일 하루 1줄씩 100일간 천천히 따라 써 보며 영어 실력과 삶의 지혜를 동시에 성장시키는 필사 노트입니다. 이 노트를 집어 든 여러분의 선택이 여러분의 하루하루를 빛으로 채워가길 진심으로 바랍니다.

Features

구성 & 활용법

본 도서는 우리 삶의 가장 중요한 10가지 주제에 걸쳐 매일 하루 1문장씩 총 100개의 주옥 같은 영어 명언을 따라 쓰며 영어 실력과 삶의 지혜를 동시에 성장시키는 슬기로운 영어 필사 노트입니다. 본 필사 노트의 구성 및 활용법은 아래와 같습니다.

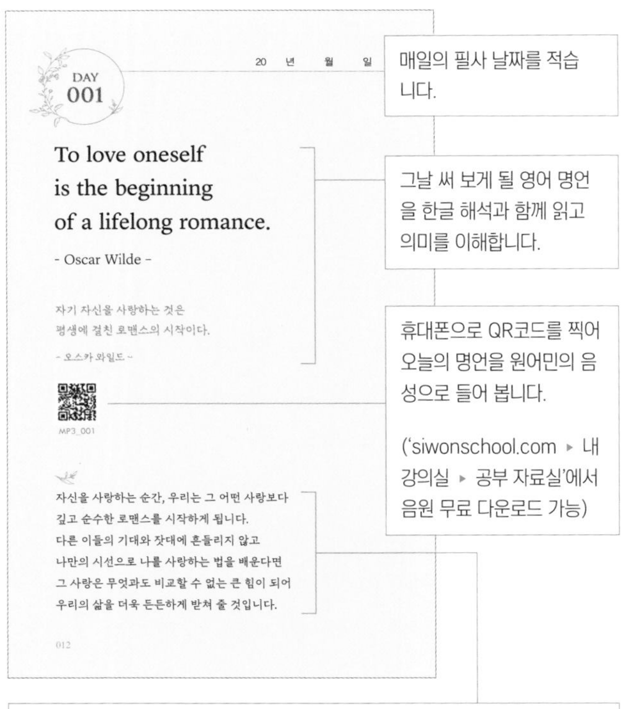

오늘의 영어 명언을 정성껏 필사해 봅니다. 영어 명언과 함께 한글 해석도 필사해 보면 명언의 뜻과 메시지를 좀 더 뚜렷하게 머릿속에 각인시킬 수 있습니다.

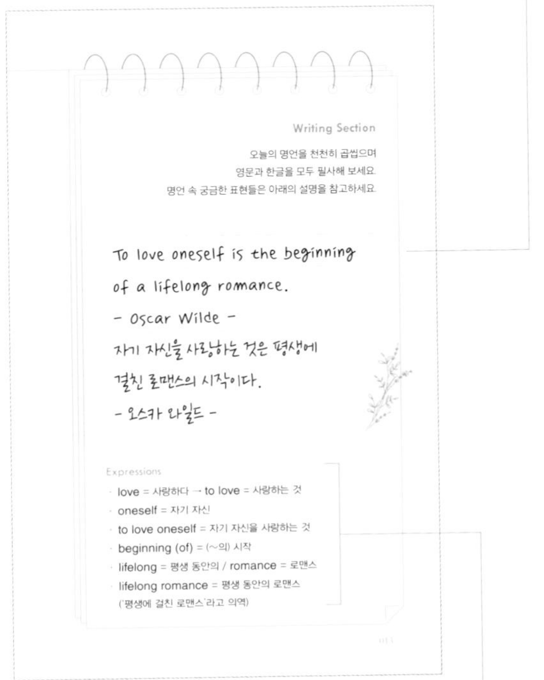

Writing Section

오늘의 명언을 천천히 곱씹으며
영문과 한글을 모두 필사해 보세요.
명언 속 궁금한 표현들은 아래의 설명을 참고하세요.

To love oneself is the beginning of a lifelong romance.
- Oscar Wilde -
자기 자신을 사랑하는 것은 평생에 걸친 로맨스의 시작이다.
- 오스카 와일드 -

Expressions

- love = 사랑하다 → to love = 사랑하는 것
- oneself = 자기 자신
- to love oneself = 자기 자신을 사랑하는 것
- beginning (of) = (~의) 시작
- lifelong = 평생 동안의 / romance = 로맨스
- lifelong romance = 평생 동안의 로맨스
('평생에 걸친 로맨스'라고 의역)

영어 명언을 필사하며 궁금한 단어 및 표현들이 있을 경우 하단의 Expressions를 참고하시면 됩니다.

Contents
목차

CHAPTER 01

Self-esteem
자존감

나 자신을 사랑하고, 아끼며,
있는 그대로의 내가 될 수 있도록
자존감을 높여 주는 글귀들.

To love oneself is the beginning of a lifelong romance.

- Oscar Wilde -

자기 자신을 사랑하는 것은
평생에 걸친 로맨스의 시작이다.

- 오스카 와일드 -

MP3_001

자신을 사랑하는 순간, 우리는 그 어떤 사랑보다
깊고 순수한 로맨스를 시작하게 됩니다.
다른 이들의 기대와 잣대에 흔들리지 않고
나만의 시선으로 나를 사랑하는 법을 배운다면
그 사랑은 무엇과도 비교할 수 없는 큰 힘이 되어
우리의 삶을 더욱 든든하게 받쳐 줄 것입니다.

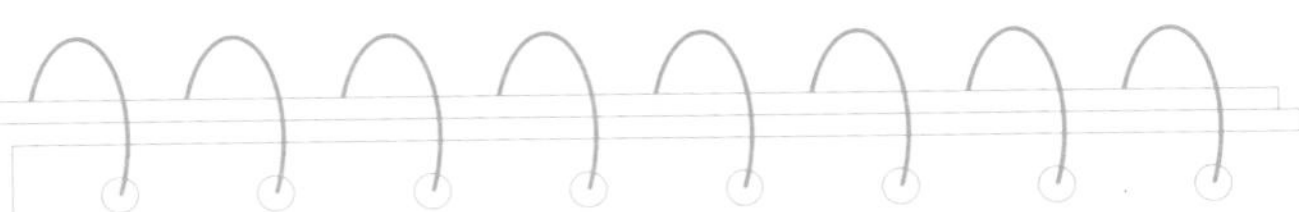

Writing Section

오늘의 명언을 천천히 곱씹으며
영문과 한글을 모두 필사해 보세요.
명언 속 궁금한 표현들은 아래의 설명을 참고하세요.

Expressions

- love = 사랑하다 → to love = 사랑하는 것
- oneself = 자기 자신
- to love oneself = 자기 자신을 사랑하는 것
- beginning (of) = (~의) 시작
- lifelong = 평생 동안의 / romance = 로맨스
- lifelong romance = 평생 동안의 로맨스
  ('평생에 걸친 로맨스'라고 의역)

You alone are enough. You have nothing to prove to anybody.

- Maya Angelou -

당신은 그 자체로 충분하다.
누구에게도 당신을 증명할 필요는 없다.

- 마야 안젤루 -

MP3_002

세상이 끊임없이 '더 나아가라, 증명하라' 외치지만
우리는 있는 그대로의 모습으로도
완전하고 가치 있는 존재입니다.
스스로를 사랑하고, 내면의 소리에 귀 기울이며
이렇게 속삭여 보세요. "나는 나로서 충분해."
그 한 마디가 당신의 세상을 더욱 밝게 비출 것입니다.

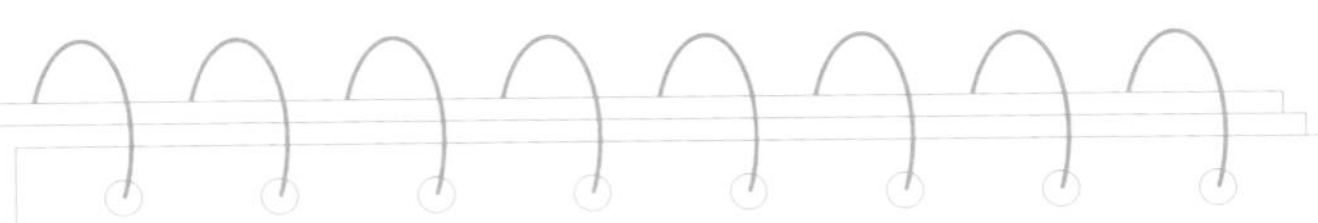

Writing Section

오늘의 명언을 천천히 곱씹으며
영문과 한글을 모두 필사해 보세요.
명언 속 궁금한 표현들은 아래의 설명을 참고하세요.

Expressions

- alone = 혼자
- you alone = 당신 혼자 ('당신 그 자체로'라고 의역)
- enough = 충분한
- have nothing to-V = ~할 아무것도 없다
  ('~할 필요 없다'라고 의역)
- prove (to somebody) = (~에게) 증명하다
- anybody = (그) 누구든

20 년 월 일

Self-esteem is the reputation we acquire with ourselves.

- Nathaniel Branden -

자존감은 우리가 스스로와 맺은
관계에서 얻는 평판이다.

- 나다니엘 브랜든 -

MP3_003

자존감은 우리가 스스로와 맺는
진실한 관계에서 피어나는 꽃과 같습니다.
자존감은 다른 이의 시선이나 평가가 아닌
오롯이 자신에게 주는 믿음과 사랑에서 자라납니다.
때때로 흔들리고 시들 것 같아도, 스스로에 대한
그 귀한 마음이 세상 어떤 빛보다도 찬란하지 않을까요?

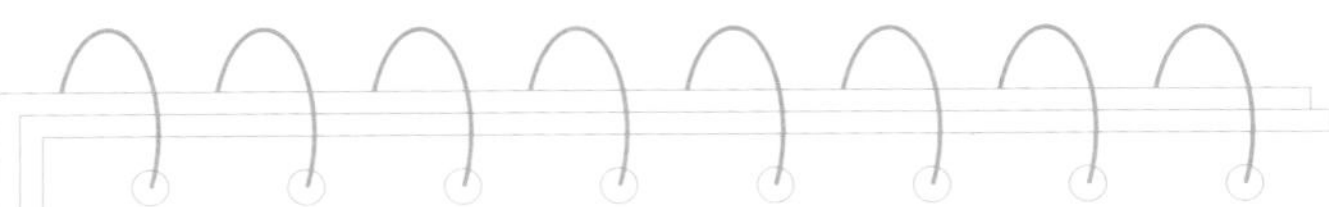

Writing Section

오늘의 명언을 천천히 곱씹으며
영문과 한글을 모두 필사해 보세요.
명언 속 궁금한 표현들은 아래의 설명을 참고하세요.

Expressions

- self-esteem = 자존감
- reputation =평판
- acquire = 얻다
- with = ~와 함께 / ourselves = 우리 스스로
- the reputation we acquire with ourselves
  = 우리 스스로와 함께 얻는 평판
  ('우리 스스로와 맺은 관계에서 얻는 평판'으로 의역)

You are not a drop in the ocean. You are the entire ocean in a drop.

- Rumi -

당신은 바다의 한 방울이 아니다.
당신 안에 온 바다가 담겨 있다.

- 루미 -

MP3_004

한 방울의 물이 바다의 모든 성질을 품고 있듯
우리 각자도 광활한 바다와 같은
무한한 가치를 지니고 있습니다.
그러니 스스로를 작게 여기지 말고
내면의 광활함을 믿어 보세요.
당신은 그 자체로 완전하고 아름다운 존재입니다.

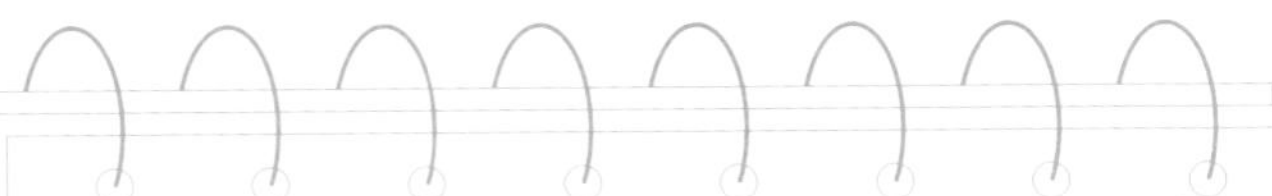

Writing Section

오늘의 명언을 천천히 곱씹으며
영문과 한글을 모두 필사해 보세요.
명언 속 궁금한 표현들은 아래의 설명을 참고하세요.

Expressions

- drop = 방울 / ocean = 바다
- a drop in the ocean = 바다 안에 한 방울
  ('바다의 한 방울'이라고 의역)
- entire = 전체의, 온
- the entire ocean in a drop
  = 한 방울 안에 온 바다
  ('한 방울에 온 바다가 담겨 있다'는 의미)

20 년 월 일

You are the only person on earth who can use your ability.

- Zig Ziglar -

당신의 능력을 사용할 수 있는 사람은
이 세상에서 오직 당신뿐이다.

- 지그 지글러 -

MP3_005

우리는 세상에서 단 하나뿐인 존재입니다.
나만의 색깔과 이야기는 나에게만 주어진 선물입니다.
나의 능력, 나만의 길을 믿고 나아가는 것이야말로
세상에서 가장 특별한 일이 아닐까요?
자신만의 찬란한 빛을 발하는 것은 바로
'나의 특별함을 깨달을 때' 가능합니다.

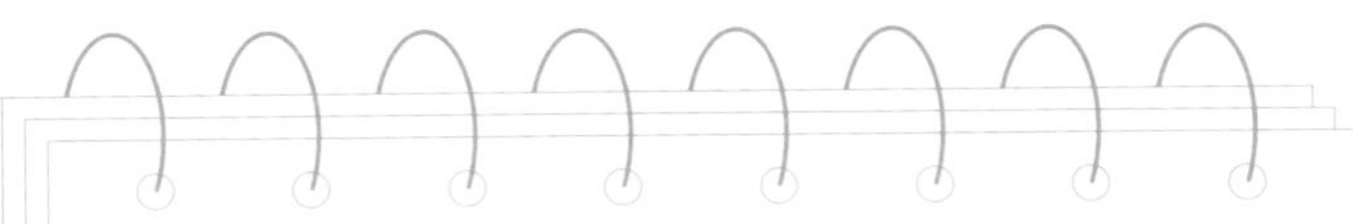

Writing Section

오늘의 명언을 천천히 곱씹으며
영문과 한글을 모두 필사해 보세요.
명언 속 궁금한 표현들은 아래의 설명을 참고하세요.

Expressions

- person = 사람
- can V = ~할 수 있다
- the person who can V = ~할 수 있는 사람
- only = 유일한 / on earth = 이 세상에서
- the only person on earth who can V
  = 이 세상에서 ~할 수 있는 유일한 사람
- use = 사용하다 / ability = 능력

If you want to fly, you have to give up the things that weigh you down.

- Toni Morrison -

날고 싶다면, 당신을 짓누르는
것들을 내려놓아야 한다.

- 토니 모리슨 -

MP3_006

날아오르려면 무거운 짐을 내려놓아야 합니다.
손에 꼭 쥐고 있던 익숙함과 두려움을 흘려보낼 때
비로소 바람은 우리를 가볍게 떠받들어 줍니다.
자유로운 날갯짓은 가벼운 마음에서 시작되고
새로운 하늘을 만나는 건
스스로를 비워내는 용기에서 비롯됩니다.

Writing Section

오늘의 명언을 천천히 곱씹으며
영문과 한글을 모두 필사해 보세요.
명언 속 궁금한 표현들은 아래의 설명을 참고하세요.

Expressions

- if = (만약) ~면 / want to-V = ~하고 싶다
- fly = 날다 → want to fly = 날고 싶다
- have to-V = ~해야 한다
- give up = 포기하다
- have to give up = 포기해야 한다
- thing = 것 → the things that V = ~하는 것들
- weigh somebody down = ~을 짓누르다

No one can make you feel inferior without your consent.

\- Eleanor Roosevelt -

누구도 당신의 동의 없이
당신을 열등하게 만들 수 없다.

\- 엘리노어 루스벨트 -

MP3_007

세상의 어떤 평가나 비난도
우리의 마음속 깊은 곳에 자리한 자존감을
흔들 수는 없습니다. 자신의 가치를 인정하고
그 누구도 그 가치를 깎아내리게 두지 않는다면
우리는 더 단단하게 빛나는 자신으로
멋지게 살아갈 수 있을 것입니다.

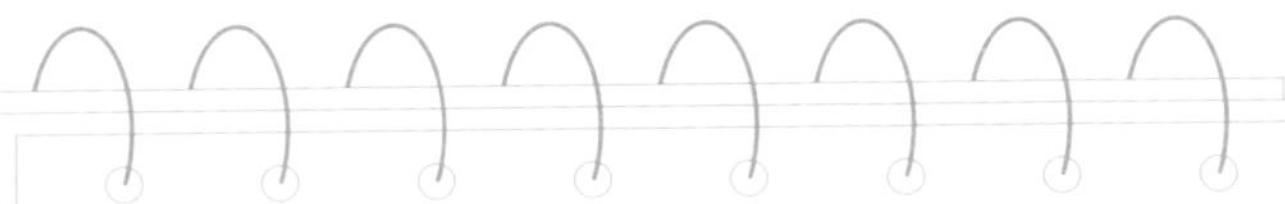

Writing Section

오늘의 명언을 천천히 곱씹으며
영문과 한글을 모두 필사해 보세요.
명언 속 궁금한 표현들은 아래의 설명을 참고하세요.

Expressions

- No one can V = 누구도 ~할 수 없다
- make somebody V = ~을 ~하게 만들다
- feel = 느끼다 / inferior = 열등한
- make you feel inferior
  = 당신을 열등하게 (느끼게) 만들다
- without = ~없이
- consent = 동의, 허락

The way you treat yourself sets the standard for others.

- Sonya Friedman -

당신이 스스로를 대하는 방식이
다른 이들이 당신을 대하는 기준이 된다.

- 소냐 프리드먼 -

MP3_008

자신을 존중하고 아껴주는 순간
그 울림은 주변 사람들에게 자연스레 전해져
그들도 당신을 같은 눈빛으로 바라보게 됩니다.
마치 따뜻한 빛이 주위를 감싸듯
스스로를 사랑하는 마음은 다른 이들에게도
그대로 전해져 당신을 바라보는 기준이 될 것입니다.

Writing Section

오늘의 명언을 천천히 곱씹으며
영문과 한글을 모두 필사해 보세요.
명언 속 궁금한 표현들은 아래의 설명을 참고하세요.

Expressions

- the way you V = 당신이 ~하는 방식
- treat = 대하다 / yourself = 당신 스스로
- set = 정하다 / standard = 기준
- others = 다른 사람들, 다른 이들
- set the standard for others
  = 다른 이들을 위한 기준을 정하다
  ('다른 이들이 (~하는) 기준이 되다'라고 의역)

Low self-esteem is like driving through life with your handbrake on.

- Maxwell Maltz -

낮은 자존감은 마치 핸드브레이크를 잡은 채
인생이란 길을 달리는 것과 같다.

- 맥스웰 몰츠 -

MP3_009

우리는 더 멀리, 더 자유롭게 달릴 수 있지만
때때로 마음속 두려움과 의심이 제동을 걸곤 합니다.
그 핸드브레이크를 조금씩 손에서 놓아
스스로를 믿는 작은 용기를 가져 보세요.
길은 생각보다 넓고, 당신의 용기 있는 발걸음은
충분히 멋지고 아름답습니다.

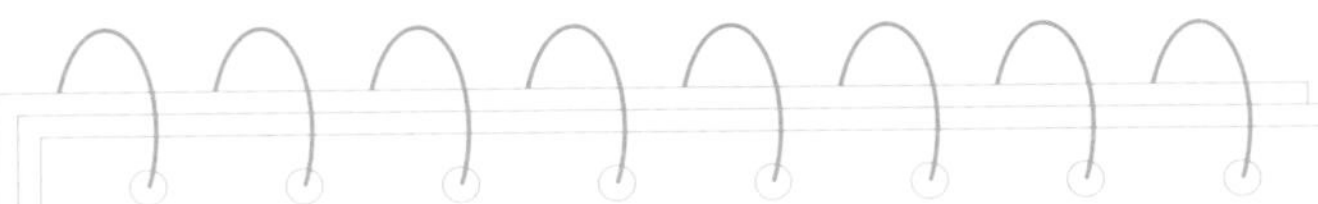

Writing Section

오늘의 명언을 천천히 곱씹으며
영문과 한글을 모두 필사해 보세요.
명언 속 궁금한 표현들은 아래의 설명을 참고하세요.

Expressions

- like = (마치) ~와 같은
- drive through = ~을 따라 운전하다
- drive through life = 인생을 따라 운전하다
  ('인생이란 길을 달리다'라고 의역)
- with handbreak on
  = 핸드크레이크를 작동시킨 상태로
  ('핸드브레이크를 잡은 채'라고 의역)

DAY 010

The most important thing is to be whatever you are without shame.

- Rod Steiger -

가장 중요한 것은 부끄러움 없이
있는 그대로의 당신이 되는 것이다.

- 로드 스타이거 -

MP3_010

자신을 있는 그대로 받아들이는 것은
참된 행복의 시작입니다. 세상이 요구하는
틀에 맞추려 애쓰기보다, 자신의 고유한 모습을
자랑스럽게 여길 때 우리는 진정 빛날 수 있습니다.
부끄러움 없이 자신을 온전히 드러내는 이런 용기가
바로 우리를 자유롭게 하는 열쇠가 아닐까요?

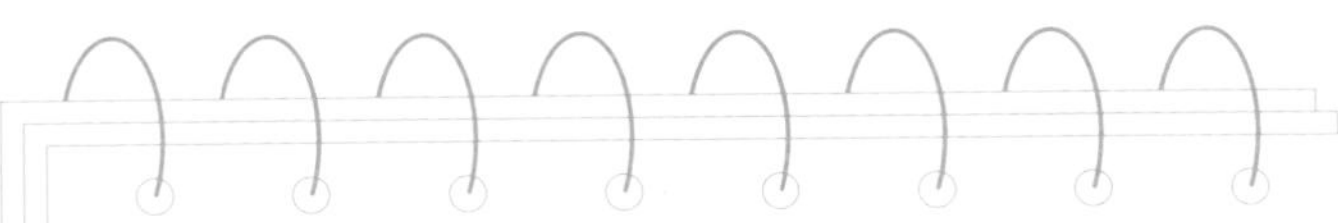

Writing Section

오늘의 명언을 천천히 곱씹으며
영문과 한글을 모두 필사해 보세요.
명언 속 궁금한 표현들은 아래의 설명을 참고하세요.

Expressions

- (the most) important = (가장) 중요한
- to be something = ~이 되는 것
- whatever = 어떤[모든] 것
- to be whatever you are
  = 당신이라는 어떤[모든] 것이 되는 것
  ('있는 그대로의 당신이 되는 것'이라고 의역)
- without = ~없이 / shame = 부끄러움

CHAPTER 01

Self-esteem

001 To love oneself is the beginning of a lifelong romance. - Oscar Wilde

002 You alone are enough. You have nothing to prove to anybody. - Maya Angelou

003 Self-esteem is the reputation we acquire with ourselves. - Nathaniel Branden

004 You are not a drop in the ocean. You are the entire ocean in a drop. - Rumi

005 You are the only person on earth who can use your ability. - Zig Ziglar

006 If you want to fly, you have to give up the things that weigh you down. - Toni Morrison

007 No one can make you feel inferior without your consent. - Eleanor Roosevelt

008 The way you treat yourself sets the standard for others. - Sonya Friedman

009 Low self-esteem is like driving through life with your handbrake on. - Maxwell Maltz

010 The most important thing is to be whatever you are without shame. - Rod Steiger

CHAPTER 02

Dream

꿈

나의 꿈을 믿고, 사랑하며,
좌절하지 않고 이뤄낼 수 있도록
힘을 실어 주는 좋은 글귀들.

DAY
011

A single dream is more powerful than a thousand realities.

- J.R.R. Tolkien -

하나의 꿈은
천 가지 현실보다 더 강력하다.

- J.R.R. 톨킨 -

MP3_011

하나의 꿈은 현실의 경계를 초월한 불꽃과 같습니다.
차가운 현실 속에 꺼져가는 찬란한 불을 밝히고
보이지 않는 길 위에 별빛처럼 내려앉아
우리의 발걸음을 희망으로 이끕니다.
현실이 무거울지라도 꿈은 그 옆에 날개를 달아
우리를 한 번도 가 보지 못한 곳으로 데려갑니다.

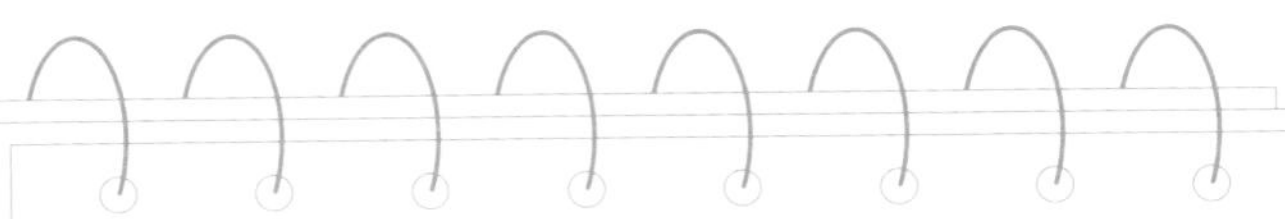

Writing Section

오늘의 명언을 천천히 곱씹으며
영문과 한글을 모두 필사해 보세요.
명언 속 궁금한 표현들은 아래의 설명을 참고하세요.

Expressions

- single = 단 하나의, 단일의
- dream = 꿈; 꿈꾸다
- more = (좀) 더
- powerful = 강력한, 영향력 있는
- than = ~보다
- thousand = 천[1,000]
- reality = 현실

Don't tell me the sky's the limit when there are footprints on the moon.

- Paul Brandt -

달에 발자국이 있는데
하늘이 한계라고 말하지 말아라.

- 폴 브란트 -

MP3_012

인간의 도전과 상상력이 닿는 곳에 경계란 없음을,
우리가 미처 생각하지 못한 더 높은 곳이 기다리고 있음을.
달에 남겨진 발자국은 단순한 흔적이 아니라
한계를 넘어선 꿈의 선언입니다.
이제 우리의 차례입니다. 더 높은 곳을 향해
더 빛나는 발자취를 남길 시간입니다.

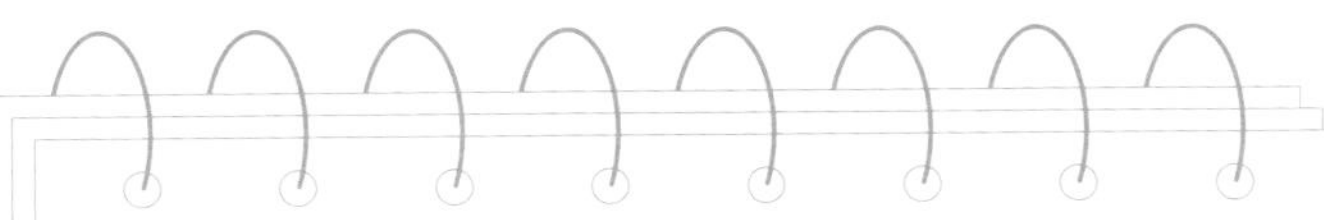

Writing Section

오늘의 명언을 천천히 곱씹으며
영문과 한글을 모두 필사해 보세요.
명언 속 궁금한 표현들은 아래의 설명을 참고하세요.

Expressions

- Don't V = ~하지 말아라
- tell me something = 내게 ~을 말하다
- sky = 하늘 / limit = 한계
- when = ~일 때[경우]
- there are = ~(들)이 있다
- footprint = (사람 혹은 동물의) 발자국
- moon = 달

20 년 월 일

DAY 013

You don't have to be great to start, but you have to start to be great.

- Zig Ziglar -

시작하기 위해 위대할 필요는 없지만,
위대해지기 위해서는 시작해야 한다.

- 지그 지글러 -

MP3_013

시작은 작은 불씨와 같습니다. 미약해 보일지라도
그것이 타오르면 거대한 불꽃이 되어 세상을 밝힙니다.
위대함은 처음부터 완벽한 모습이 아닙니다.
시작은 미약할지라도 앞으로 나아가며 서서히 빚어집니다.
첫걸음을 내딛는 순간, 당신은 이미
그 위대함의 여정을 시작한 것입니다.

Writing Section

오늘의 명언을 천천히 곱씹으며
영문과 한글을 모두 필사해 보세요.
명언 속 궁금한 표현들은 아래의 설명을 참고하세요.

Expressions

- don't have to-V = ~할 필요 없다
- great = 위대한
- be great = 위대하다
- don't have to be great = 위대할 필요 없다
- start = 시작하다 → to start = 시작하기 위해
- have to-V = ~해야 한다
- have to start = 시작해야 한다

DAY 014

The only way to do great work is to love what you do.

- Steve Jobs -

위대한 일을 하는 유일한 방법은
자신이 하는 일을 사랑하는 것이다.

- 스티브 잡스 -

MP3_014

좋아하는 일을 사랑할 때, 그 일은 더 이상 의무가 아니라
숨 쉬는 공기처럼 자연스러워집니다.
때로는 밤을 새우고, 때로는 실패를 겪으며
그 모든 순간들이 결국 내 안에서 꽃을 피웁니다.
사랑하는 일이 내 삶의 불꽃이 되어 끝없이 나를 이끌고
새로운 나로 변해 가며 세상과 마주하게 됩니다.

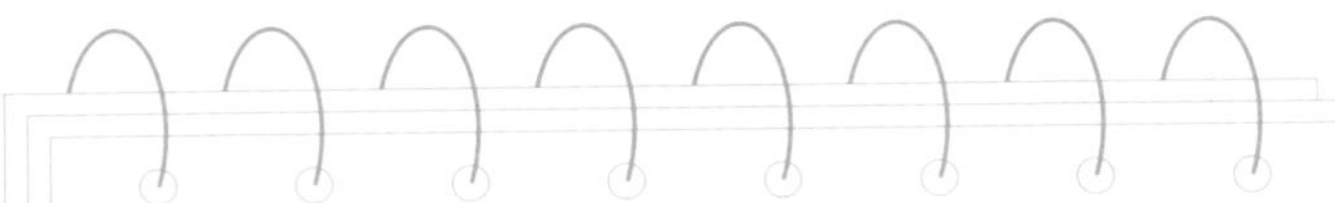

Writing Section

오늘의 명언을 천천히 곱씹으며
영문과 한글을 모두 필사해 보세요.
명언 속 궁금한 표현들은 아래의 설명을 참고하세요.

Expressions

- only = 유일한 / way = 방법
- the only way = 유일한 방법
- the only way to-V = ~하는 유일한 방법
- do = 하다 / work = 일
- love = 사랑하다 → to love = 사랑하는 것
- what+S+V = ~가 ~하는 것[일]
- what you do = 당신이 하는 것[일]

You are never too old to set another goal or to dream a new dream.

\- C.S. Lewis -

새로운 목표를 세우거나 새로운 꿈을 꾸기에
너무 늦은 나이는 없다.

\- C.S. 루이스 -

MP3_015

나이가 들어도 새로운 목표를 세우거나
꿈을 꾸는 것은 결코 늦지 않습니다.
세월이 흐르고 경험이 쌓일수록
더 넓은 세상과 더 깊은 내면으로 나아갈 수 있습니다.
그 길 위에서 우리는 여전히 무한한 가능성을 품고
매 순간 새롭게 피어나는 꿈을 따라가게 될 것입니다.

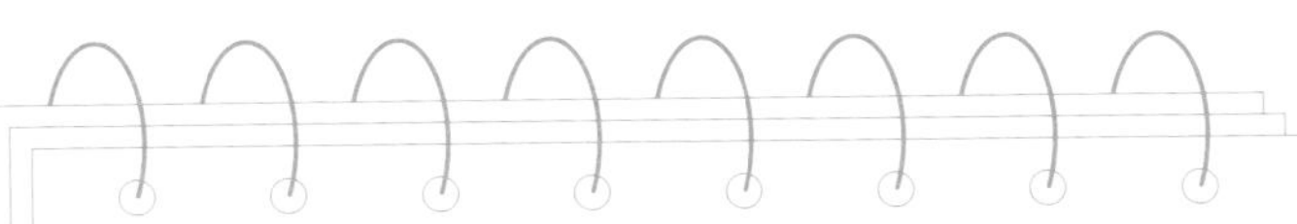

Writing Section

오늘의 명언을 천천히 곱씹으며
영문과 한글을 모두 필사해 보세요.
명언 속 궁금한 표현들은 아래의 설명을 참고하세요.

Expressions

- You are never Adv. = 당신은 절대 ~이지 않다
- too = 너무 / old = 늙은
- You are never too old
  = 당신은 절대 너무 늙지 않았다
  ('너무 늦은 나이는 없다'라고 의역)
- set = 세우다 / dream = 꿈; 꿈꾸다
- another = 또 다른 / goal = 목표

20 년 월 일

Success is the sum of small efforts, repeated day in and day out.

- Robert Collier -

성공은 하루하루 반복되는
작은 노력들의 합이다.

- 로버트 콜리어 -

MP3_016

성공은 단숨에 정복할 수 있는 산이 아니라
하루하루 작은 발자국들이 빚어낸 찬란한 여정입니다.
마치 작은 물방울들이 수없이 모여 대지에 빛을 새기듯
우리 역시 꿈의 계단을 밟으며 성공을 완성해 가야 합니다.
꾸준함은 비록 눈에 띄지 않을지라도
그 끝에서야 비로소 정상을 밝히는 빛이 완성됩니다.

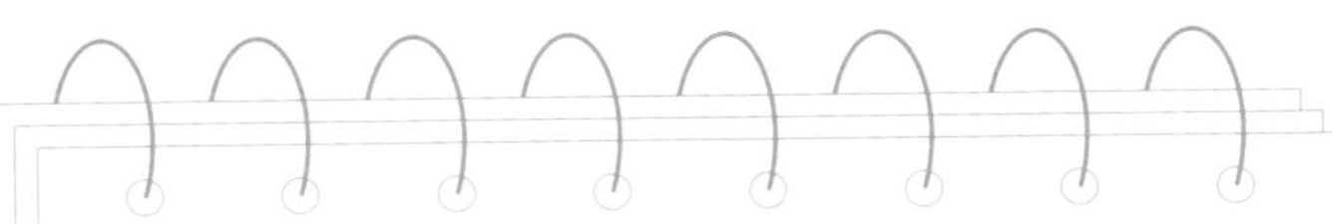

Writing Section

오늘의 명언을 천천히 곱씹으며
영문과 한글을 모두 필사해 보세요.
명언 속 궁금한 표현들은 아래의 설명을 참고하세요.

Expressions

- success = 성공
- sum = (총)합 → the sum of = ~의 (총)합
- small = 작은 / effort = 노력
- repeat = 반복하다 → repeated = 반복되는
- day in and day out = 매일
- repeated day in and day out = 반복되는 매일
  ('하루하루 반복되는'이라고 의역)

DAY 017

The future belongs to those who believe in the beauty of their dreams.

- Eleanor Roosevelt -

미래는 자신의 꿈의 아름다움을
믿는 사람들의 것이다.

- 엘리노어 루스벨트 -

MP3_017

마치 어둠 속 빛나는 별이 밤하늘의 주인이 되듯
우리의 가슴속 숨 쉬는 작은 열망이 희망의 씨앗이 되어
우리의 꿈을 믿음으로 물들여
찬란한 내일의 풍경을 완성할 것입니다.
꿈을 사랑하고 그 아름다움에 자신을 맡기는 이여,
당신의 믿음이 곧 세상을 비추는 빛이 될 것입니다.

Writing Section

오늘의 명언을 천천히 곱씹으며
영문과 한글을 모두 필사해 보세요.
명언 속 궁금한 표현들은 아래의 설명을 참고하세요.

Expressions

- future = 미래
- belong to = ~에 속하다[속해 있다]
- The future belongs to = 미래는 ~에 속해 있다
  ('미래는 ~의 것이다'라고 의역)
- those who V = ~하는 사람들
- believe in = ~을 믿다
- beauty = 아름다움

DAY 018

Do something today that your future self will thank you for.

- Sean Patrick Flanery -

오늘의 당신이 미래의 당신에게
감사받을 일을 하라.

- 숀 패트릭 플래너리 -

MP3_018

오늘의 선택은 내일의 나를 빚어낼 섬세한 붓질입니다.
흐릿했던 꿈의 윤곽이 점차 선명해지며
미래의 나는 지금의 나를 향해
조용히 미소 지을 것입니다.
스스로를 믿고 내딛는 이 한 걸음이, 언젠가
찬란한 날을 열어 줄 첫 번째 문이 될 것입니다.

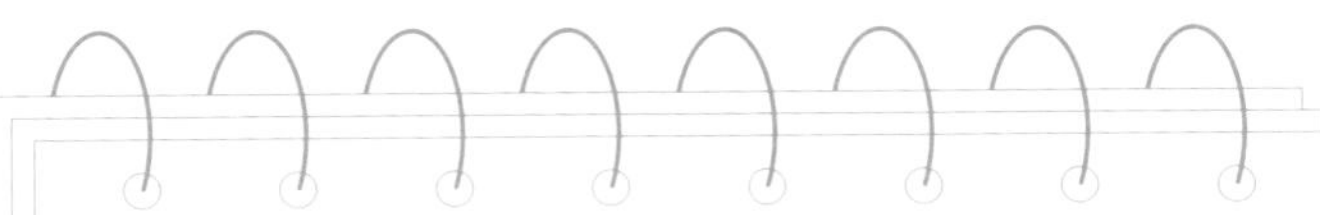

Writing Section

오늘의 명언을 천천히 곱씹으며
영문과 한글을 모두 필사해 보세요.
명언 속 궁금한 표현들은 아래의 설명을 참고하세요.

Expressions

- do = 하다
- something = 어떤 것[일], 무언가
- today = 오늘
- future = 미래
- your future self = 미래의 당신 자신
- thank somebody (for something)
  = ~에게 (~을) 감사해하다

20 년 월 일

The biggest adventure you can take is to live the life of your dreams.

- Oprah Winfrey -

당신이 할 수 있는 가장 큰 모험은
당신이 꿈꾸는 삶을 사는 것이다.

- 오프라 윈프리 -

MP3_019

꿈꾸는 삶은 미지의 바다로 항해를 떠나는 것입니다.
두려움과 설렘이 교차하는 순간들 속에
우리는 자신만의 별자리를 따라가며
폭풍을 만나더라도 그 속에서 진정한 자신을 발견합니다.
이 여정은 곧 우리의 찬란한 이야기가 될 것이며
우리를 살아있게 만드는 빛나는 모험이 될 것입니다.

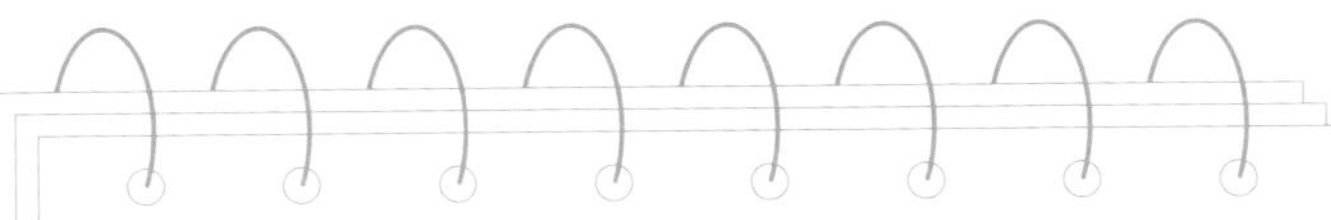

Writing Section

오늘의 명언을 천천히 곱씹으며
영문과 한글을 모두 필사해 보세요.
명언 속 궁금한 표현들은 아래의 설명을 참고하세요.

Expressions

- the biggest = 가장 큰 / adventure = 모험
- the biggest adventure S+V
  = ~가 ~하는 가장 큰 모험
- can V = ~할 수 있다 / take = 취하다
- the biggest adventure you can take
  = 당신이 (취)할 수 있는 가장 큰 모험
- live = 살다 / life = 삶, 인생

DAY 020

Dream as if you'll live forever. Live as if you'll die today.

- James Dean -

영원히 살 것처럼 꿈꾸고,
오늘 죽을 것처럼 살아라.

- 제임스 딘 -

MP3_020

영원을 품은 꿈은 끝없는 하늘을 나는 일이고
오늘을 마지막처럼 사는 삶은 그 하늘 아래
가장 빛나는 별을 움켜쥐는 일입니다.
우리는 찰나와 영원의 경계에서
순간을 영원처럼, 영원을 순간처럼 살아가며
삶의 진정한 빛을 새깁니다.

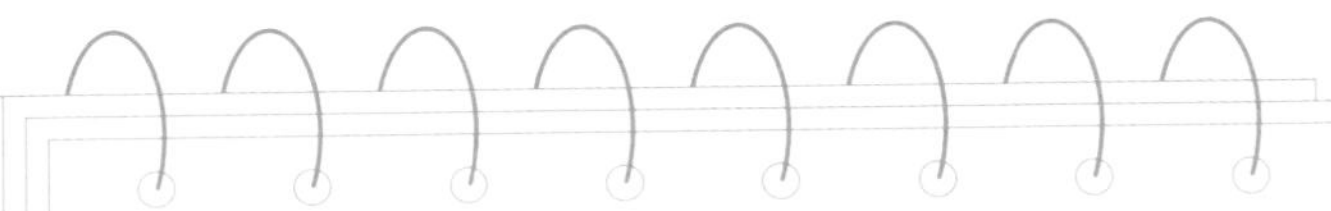

Writing Section

오늘의 명언을 천천히 곱씹으며
영문과 한글을 모두 필사해 보세요.
명언 속 궁금한 표현들은 아래의 설명을 참고하세요.

Expressions

- dream = 꿈; 꿈꾸다
- as if = (마치) ~인 것처럼
- you'll V = 당신이 ~할 것이다
- Dream/Live as if you'll V
  = (당신이) ~할 것처럼 꿈꿔라/살아라
- forever = 영원히
- die = 죽다 / today = 오늘

CHAPTER 02

Dream

011 A single dream is more powerful than a thousand realities. - J.R.R. Tolkien

012 Don't tell me the sky's the limit when there are footprints on the moon. - Paul Brandt

013 You don't have to be great to start, but you have to start to be great. - Zig Ziglar

014 The only way to do great work is to love what you do. - Steve Jobs

015 You are never too old to set another goal or to dream a new dream. - C.S. Lewis

016 Success is the sum of small efforts, repeated day in and day out. - Robert Collier

017 The future belongs to those who believe in the beauty of their dreams. - Eleanor Roosevelt

018 Do something today that your future self will thank you for. - Sean Patrick Flanery

019 The biggest adventure you can take is to live the life of your dreams. - Oprah Winfrey

020 Dream as if you'll live forever. Live as if you'll die today. - James Dean

CHAPTER 03

Love
사랑

누군가를 사랑하고, 사랑받는
기적과도 같은 인연과 기쁨에 대해
노래하는 아름다운 글귀들.

Love is composed of a single soul inhabiting two bodies.

\- Aristotle -

사랑은 두 몸에 깃든
하나의 영혼이다.

\- 아리스토텔레스 -

MP3_021

사랑은 마치, 하나의 영혼이
두 개의 창문으로 세상을 바라보는 신비와 같습니다.
서로 다른 몸을 지닌 두 사람이 같은 숨결로 살아가는 것.
한 사람이 아플 때 다른 이의 마음에 잔잔한 아픔이 번지는 것.
이렇듯, 사랑은 하나의 영혼이 두 몸에 나눠 담겨
서로의 존재를 온전히 채워가는 아름다운 기적입니다.

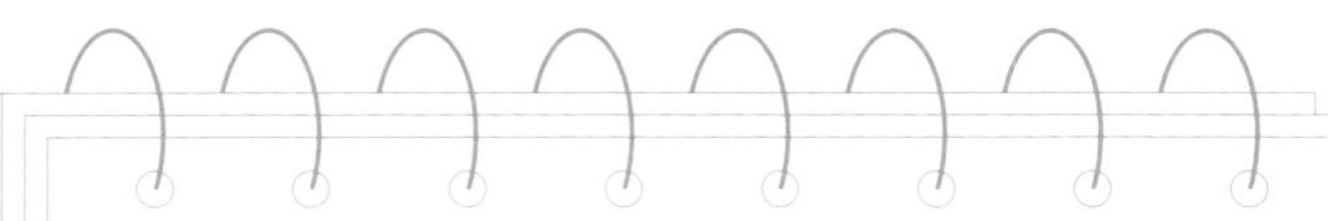

Writing Section

오늘의 명언을 천천히 곱씹으며
영문과 한글을 모두 필사해 보세요.
명언 속 궁금한 표현들은 아래의 설명을 참고하세요.

Expressions

- compose = 구성하다
- be composed of = ~으로 구성되다
- single = 하나의 / soul = 영혼
- inhabit = 살다 / body = 몸
- a single soul inhabiting two bodies
  = 두 몸에 살고 있는 하나의 영혼
  ('두 몸에 깃든 하나의 영혼'으로 의역)

To love another person is to see the face of God.

- Victor Hugo -

누군가를 사랑한다는 것은
신의 얼굴을 마주하는 것이다.

- 빅토르 위고 -

MP3_022

사랑은 눈부신 빛으로 가득 찬 창문입니다.
그 창 너머로 사랑하는 이의 마음을 들여다보는 순간,
우리는 신의 숨결이 닿은 듯한 온기를 느낍니다.
마주 잡은 손끝에서 전해지는 미세한 떨림은
신이 빚은 우주의 심장이 뛰는 소리와 닮아 있습니다.
사랑이란, 가장 순수하고 진실한 신의 기적입니다.

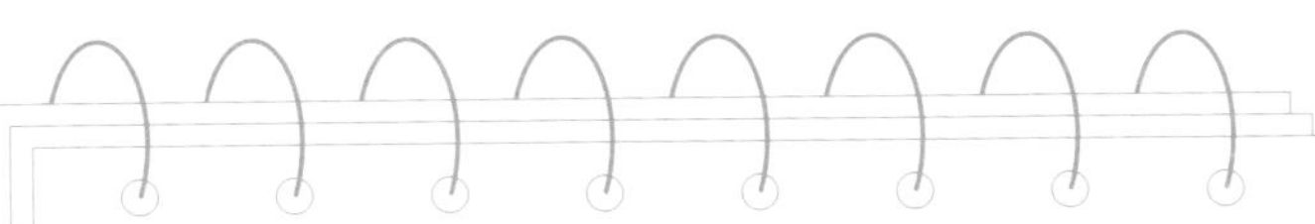

Writing Section

오늘의 명언을 천천히 곱씹으며
영문과 한글을 모두 필사해 보세요.
명언 속 궁금한 표현들은 아래의 설명을 참고하세요.

Expressions

- love = 사랑하다 → to love = 사랑한다는 것
- another = 다른 / person = 사람
- another person = 다른 사람 ('누군가'로 의역)
- see = 보다 → to see = 보는 것
- face (of) = (~의) 얼굴 / God = 신
- to see the face of God = 신의 얼굴을 보는 것
  ('신을 얼굴을 마주하는 것'으로 의역)

True love begins when nothing is looked for in return.

- Antoine de Saint-Exupéry –

진정한 사랑은
아무것도 바라지 않을 때 시작된다.

– 앙투안 드 생텍쥐페리 –

MP3_023

진정한 사랑은 어둠 속에 빛나는 불꽃과 같습니다.
불꽃은 스스로를 태워 주변을 따뜻하게 만들고
그 따스함이 돌아오지 않아도 슬퍼하지 않습니다.
그리고 그 빛이 닿을 누군가를 애타게 찾지도 않습니다.
진정한 사랑 역시 타오르는 불꽃처럼 묵묵히 존재하는 것.
아무것도 바라지 않을 때, 사랑은 가장 밝게 빛납니다.

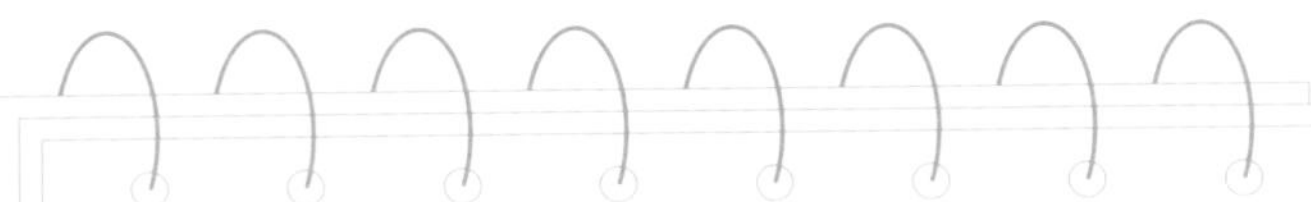

Writing Section

오늘의 명언을 천천히 곱씹으며
영문과 한글을 모두 필사해 보세요.
명언 속 궁금한 표현들은 아래의 설명을 참고하세요.

Expressions

- true love = 진짜 사랑 ('진정한 사랑'으로 의역)
- begin = 시작하다[시작되다]
- nothing = 아무것도 (~하지 않다)
- be looked for = 기대되다 / in return = 보답으로
- nothing is looked for in return
  = 아무것도 보답으로 기대되지 않다
  ('아무것도 바라지 않다'라고 의역)

Love will find a way through paths where wolves fear to prey.

- Lord Byron -

사랑은 늑대조차 사냥을 두려워하는
길을 헤치고 나아간다.

- 로드 바이런 -

MP3_024

사랑은 발톱을 숨긴 채 어둠을 가르는 빛입니다.
늑대조차 숨죽이는, 가시와 어둠이 얽힌 길 위에서도
사랑은 머뭇거리지 않습니다. 피 묻은 돌길을 지나면서도
내딛는 그 발걸음엔 한치의 망설임도 없습니다.
사랑은 상처를 결코 두려워하지 않습니다.
사랑은, 그 모든 가시밭을 길로 바꿔 버리는 마법이기에.

Writing Section

오늘의 명언을 천천히 곱씹으며
영문과 한글을 모두 필사해 보세요.
명언 속 궁금한 표현들은 아래의 설명을 참고하세요.

Expressions

- find = 찾다 / way = 길, 진로
- through = ~사이로 / path = 길
- find a way through paths where S+V
  = ~가 ~하는 길들 사이로 진로를 찾다
  ('~가 ~하는 길을 헤치고 나아가다'라고 의역)
- wolf = 늑대 → wolves = 늑대들
- fear = 두려워하다 / prey = 사냥하다

Love is the magician that pulls man out of his own hat.

- Ben Hecht -

사랑은 사람을 자신의 모자 속에서
꺼내는 마술사이다.

- 벤 헥트 -

MP3_025

사랑은 깊게 눌러쓴 모자 속에 숨어 사는 우리에게
슬며시 다가와 우리를 꺼내 주는 마법사입니다.
그 손길이 닿는 순간, 우리는 평범한 일상을 벗어나
완전히 새로운 세계로 발을 내딛게 됩니다.
사랑은, 우리 안에 숨겨진 색과 빛을 밖으로 드러내
우리도 몰랐던 자신을 발견하게 하는 신비한 마술입니다.

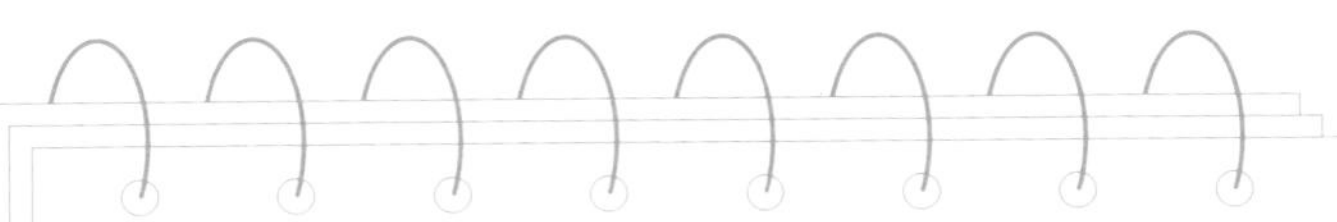

Writing Section

오늘의 명언을 천천히 곱씹으며
영문과 한글을 모두 필사해 보세요.
명언 속 궁금한 표현들은 아래의 설명을 참고하세요.

Expressions

- magician = 마술사
- the magician that V = ~하는 마술사
- pull = 꺼내다
- pull somebody out of something
  = ~을 ~밖으로[에서] 꺼내다
- man = 사람
- one's own = ~의 / hat = 모자

Love is the only force capable of transforming an enemy into a friend.

- Martin Luther King Jr. -

사랑만이 적을 친구로
바꿀 수 있는 유일한 힘이다.

- 마틴 루터 킹 주니어 -

MP3_026

사랑은 싸늘한 벽을 녹이는 따뜻한 바람,
날 선 눈빛 사이로 스며드는 다정한 빛입니다.
미움은 단단한 돌처럼 마음에 박혀 우릴 짓누르지만
사랑은 그 돌을 조각해 온화한 조각상으로 변모시킵니다.
사랑은 전쟁터 한가운데 피어나는 들꽃처럼
가장 불가능한 곳에서 가장 아름다운 변화를 만들어냅니다.

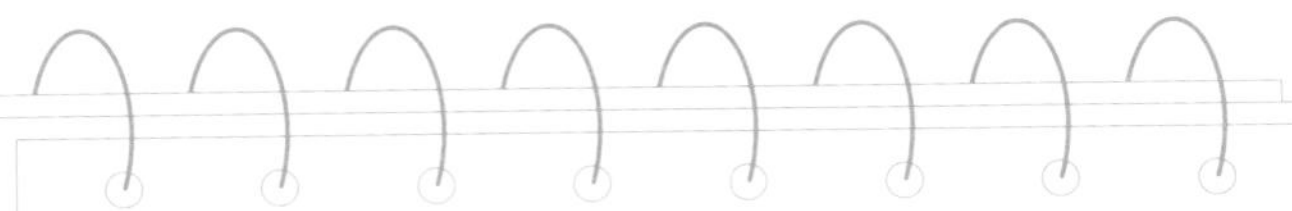

Writing Section

오늘의 명언을 천천히 곱씹으며
영문과 한글을 모두 필사해 보세요.
명언 속 궁금한 표현들은 아래의 설명을 참고하세요.

Expressions

- only = 유일한 / force = 힘
- capable of V-ing = ~할 수 있는
- the only force capable of V-ing
  = ~할 수 있는 유일한 힘
- transform = 바꾸다
- transform A into B = A를 B로 바꾸다
- enemy = 적 / friend = 친구

Love is when the other person's happiness is more important than your own.

- H. Jackson Brown Jr. -

사랑은 상대방의 행복이
당신의 행복보다 더 중요해지는 것이다.

- H. 잭슨 브라운 주니어 -

MP3_027

사랑은 나의 심장을 상대방의 가슴에 겹쳐 놓는 일입니다.
내 맥박이 그 사람의 웃음에 맞춰 뛰고,
내 숨결은 그 사람의 기쁨에 따라 가벼워지며,
그 사람이 슬퍼하면 보이지 않는 비가 내 마음에 내립니다.
사랑은 나의 세계가 그 사람의 궤도를 따라 돌기 시작하는 마법,
나를 잊어야 비로소 완성되는 신비한 퍼즐 같은 것입니다.

Writing Section

오늘의 명언을 천천히 곱씹으며
영문과 한글을 모두 필사해 보세요.
명언 속 궁금한 표현들은 아래의 설명을 참고하세요.

Expressions

- other = 다른 / person = 사람
- the other person = 다른 사람, 상대방
- happiness = 행복
- (more) important = (더) 중요한
- than = ~보다
- your own = 당신(만)의 것 → 당신의
  (행복에 대해 말하고 있으므로 '당신의 행복'으로 해석)

In the end, the love you take is equal to the love you make.

- Paul McCartney -

결국, 당신이 받는 사랑은
당신이 준 사랑과 같다.

- 폴 매카트니 -

MP3_028

우리가 흩뿌린 사랑의 파편들은 바람을 타고 먼 길을 돌아
어느 날 문득 예상치 못한 순간에 우리 앞에 나타납니다.
누군가에게 건넨 따뜻한 말 한마디가 시간이 지나
우리의 귓가에 메아리치고, 조용히 베푼 작은 친절이
삶의 끝자락에서 우리의 등을 토닥여 줄 것입니다.
사랑은, 우리를 다시 찾아오는 신비로운 순환입니다.

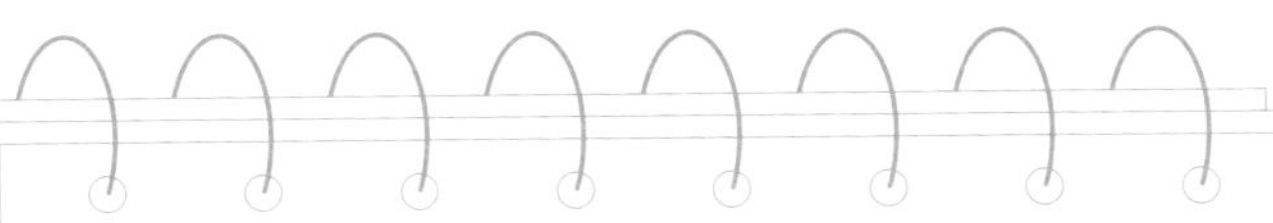

Writing Section

오늘의 명언을 천천히 곱씹으며
영문과 한글을 모두 필사해 보세요.
명언 속 궁금한 표현들은 아래의 설명을 참고하세요.

Expressions

- in the end = 결국
- the love S+V = ~가 ~한 사랑
- take = 받다; 취하다 / make = 만들다
- the love you take = 당신이 받는 사랑
- the love you make = 당신이 만든 사랑
  ('당신이 준 사랑'이라고 의역)
- equal to something = ~와 같다[동일하다]

20 년 월 일

Love is a fruit in season at all times, and within reach of every hand.

- Mother Teresa -

사랑은 언제나 제철인 과일처럼,
누구나 손을 뻗으면 닿을 수 있는 곳에 있다.

- 마더 테레사 -

MP3_029

사랑은 사계절을 잊은 과일입니다.
겨울의 찬바람 속에서도, 여름의 뜨거운 태양 아래에서도,
그 달콤함이 시들지 않고 계속 반짝거리며 손을 뻗는 순간
마치 오래 기다렸다는 듯, 손에 포근히 내려앉습니다.
이처럼 사랑은 언제나 그 자리에서, 조용히, 확실하게
우리를 기다리며 익어가는 과일과 같습니다.

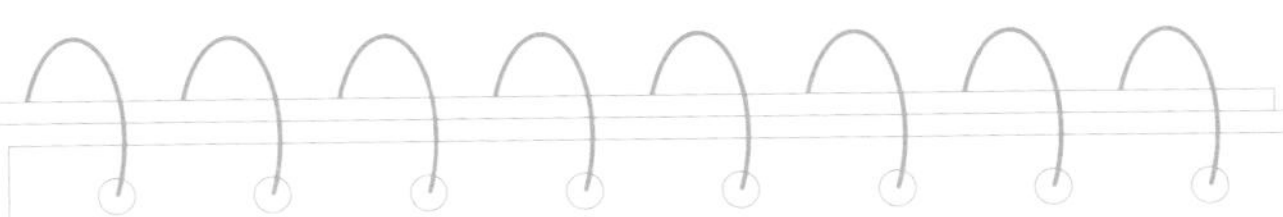

Writing Section

오늘의 명언을 천천히 곱씹으며
영문과 한글을 모두 필사해 보세요.
명언 속 궁금한 표현들은 아래의 설명을 참고하세요.

Expressions

- fruit = 과일 / in season = 제철인
- at all times = 언제나
- within reach of = ~이 닿을 수 있는 곳에
- every hand = 모든 손
- within reach of every hand
  = 모든 손이 닿을 수 있는 곳에
  ('누구나 손을 뻗으면 닿을 수 있는 곳에'로 의역)

20 년 월 일

The way to love anything is to realize that it may be lost.

- G.K. Chesterton -

어떤 것이든 사랑하는 방법은
그것을 잃을 수도 있음을 깨닫는 것이다.

- G.K. 체스터턴 -

MP3_030

사랑은 손바닥으로 움켜쥔 한 줌의 모래와도 같습니다.
너무 꽉 쥐려 하면 사방으로 흩어지고,
너무 느슨하게 쥐면 바람에 날아가 버립니다.
모래처럼 흩어져 영원히 머물지 않을 수도 있다는 것.
그것이 사랑을 더욱 빛나게 합니다. 우리는 어쩌면
끝이 있다는 걸 알기에 더 뜨겁게 사랑하는 것이 아닐까요?

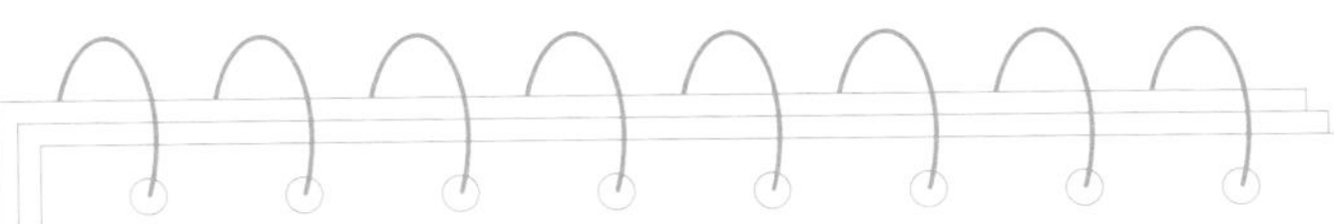

Writing Section

오늘의 명언을 천천히 곱씹으며
영문과 한글을 모두 필사해 보세요.
명언 속 궁금한 표현들은 아래의 설명을 참고하세요.

Expressions

- way = 길 → the way to-V = ~하는 방법
- anything = (그) 어떤 것(이든)
- realize = 깨닫다 → to realize = 깨닫는 것
- may V = ~할 수도 있다
- lose = 잃다 → be lost = 잃게 되다
- may be lost = 잃게 될 수도 있다
  ('잃을 수도 있다'라고 의역)

CHAPTER 03

Love

021 Love is composed of a single soul inhabiting two bodies. - Aristotle

022 To love another person is to see the face of God.- Victor Hugo

023 True love begins when nothing is looked for in return. - Antoine de Saint-Exupéry

024 Love will find a way through paths where wolves fear to prey. - Lord Byron

025 Love is the magician that pulls man out of his own hat. - Ben Hecht

026 Love is the only force capable of transforming an enemy into a friend. - Martin Luther King Jr

027 Love is when the other person's happiness is more important than your own.
- H. Jackson Brown Jr

028 In the end, the love you take is equal to the love you make. - Paul McCartney

029 Love is a fruit in season at all times, and within reach of every hand. - Mother Teresa

030 The way to love anything is to realize that it may be lost. - G.K. Chesterton

CHAPTER 04

Friendship
우정

내 삶의 버팀목이 되는
진정한 친구, 그리고 그들과 맺는
참된 우정에 대한 좋은 글귀들.

Friendship is the golden thread that ties the heart of all the world.

- John Evelyn -

우정은 세상 모든 이의
마음을 이어주는 황금빛 실이다.

- 존 이블린 -

MP3_031

우정은 마음과 마음 사이를 조용히 흐르며
말없이도 따뜻함을 전하고, 거리가 멀어진다 해도
그 빛이 서로를 향해 끝없이 반짝이는 황금빛 실입니다.
우린 모두 이 보이지 않는 실에 매달려 서로를 견고히 붙잡고,
이 끝없는 연결 속에서 황금빛 실은 바스러지지 않고
더 단단히, 더 견고하게 서로의 심장을 하나로 묶습니다.

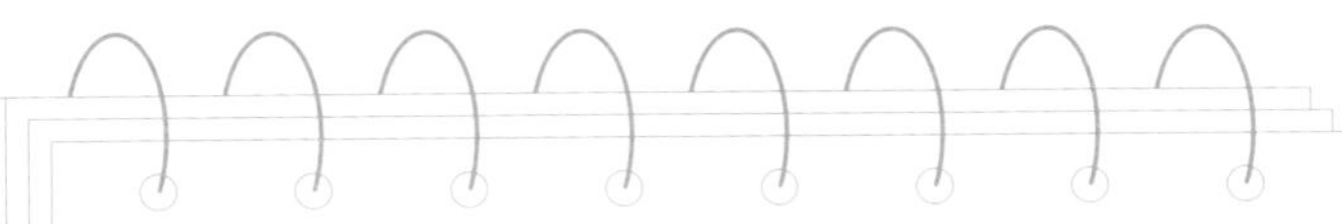

Writing Section

오늘의 명언을 천천히 곱씹으며
영문과 한글을 모두 필사해 보세요.
명언 속 궁금한 표현들은 아래의 설명을 참고하세요.

Expressions

- friendship = 우정
- golden = 황금빛의 / thread = 실
- tie = 묶다 / heart = 마음
- all the world = 전 세계
- tie the heart of all the world
  = 전 세계의 마음을 묶다
  ('세상 모든 이의 마음을 이어주다'라고 의역)

True friendship comes when the silence between two people is comfortable.

- David Tyson -

진정한 우정은 두 사람 사이의 침묵이
편안하게 느껴질 때 찾아온다.

- 데이빗 타이슨 -

MP3_032

진정한 우정은 말이 필요 없는 순간에 피어납니다.
함께 앉아 아무 말없이 창밖을 바라보는 그 고요함 속에서도
마음은 서로의 온기를 느끼며 조용히 미소 짓습니다.
어색함 대신 편안함이 흐르고, 침묵조차 하나의 대화가 되어
서로의 사이를 잇습니다. 말로 채우지 않아도 충분한 그 순간,
이미 서로의 가장 깊은 곳에 진실된 우정이 맞닿아 있습니다.

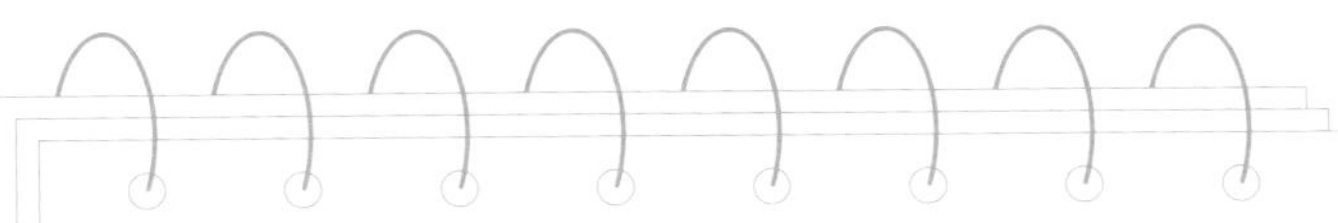

Writing Section

오늘의 명언을 천천히 곱씹으며
영문과 한글을 모두 필사해 보세요.
명언 속 궁금한 표현들은 아래의 설명을 참고하세요.

Expressions

- come = (찾아)오다
- when S+V = ~가 ~할 때
- silence = 침묵
- between = ~사이의 / people = 사람들
- the silence between two people
  = 두 사람 사이의 침묵
- comfortable = 편안한, 편안하게 느껴지는

DAY 033

A friend is someone who gives you total freedom to be yourself.

- Jim Morrison -

친구란 당신이 온전히
당신 자신일 자유를 주는 사람이다.

- 짐 모리슨 -

MP3_033

진짜 친구는 마치 빈 하늘과 같습니다.
당신이 어떤 색으로 물들든, 그저 조용히 품어 줍니다.
가끔씩 폭풍처럼 몰아쳐도 괜찮고,
말없이 조용히 머물러도 그 고요함마저 함께 나눕니다.
그 침묵조차도 하나의 언어가 될 테니까요.
그런 자유를 허락하는 사람, 그게 바로 진정한 친구입니다.

Writing Section

오늘의 명언을 천천히 곱씹으며
영문과 한글을 모두 필사해 보세요.
명언 속 궁금한 표현들은 아래의 설명을 참고하세요.

Expressions

- friend = 친구
- someone = (어떤) 사람
- someone who V = ~하는 (어떤) 사람
- give somebody something = ~에게 ~을 주다
- total = 온전한
- freedom = 자유
- freedom to be somebody = ~일 자유

A friend is one who knows you and loves you just the same.

- Elbert Hubbard -

친구란 당신을 있는 그대로 알고서도
변함없이 사랑하는 사람이다.

- 엘버트 허버드 -

MP3_034

진정한 친구란, 나의 빛나는 순간뿐만 아니라
어둠 속 불완전함까지도 변함없이 사랑해 주는 사람입니다.
그들은 내 웃음 뒤에 숨은 슬픔을 읽어내고, 말하지 않아도
마음의 소리를 들어주며, 세상이 등을 돌릴 때에도
조용히 내 곁을 지킵니다. 진정한 친구란 조건 없는 온기,
그 존재만으로도 삶을 버틸 수 있게 해 주는 사람입니다.

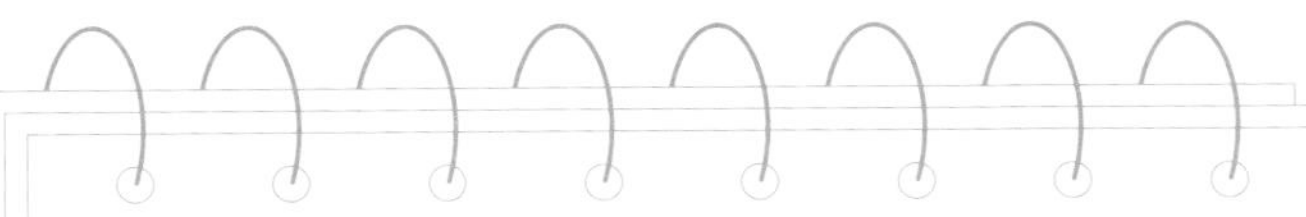

Writing Section

오늘의 명언을 천천히 곱씹으며
영문과 한글을 모두 필사해 보세요.
명언 속 궁금한 표현들은 아래의 설명을 참고하세요.

Expressions

- one = (이미 언급된[언급되고 있는]) 사람
- one who V = ~하는 사람
- know = 알다
- just = 그저 / same = 똑같이
- love you just the same
  = 당신을 그저 똑같이 사랑하다
  ('당신을 변함없이 사랑하다'라고 의역)

A real friend is one who walks in when the rest of the world walks out.

- Walter Winchell -

진정한 친구란 세상이 모두 떠날 때
조용히 곁으로 다가오는 사람이다.

- 월터 윈첼 -

MP3_035

세상이 문을 쾅 닫고 나가 버린 그 순간
조용히 삐걱이며 열리는 또 다른 문 하나.
어둠 속에 남겨진 당신의 그림자를 보고도 주저 없이 들어와
그 옆에 자기 그림자를 살포시 겹쳐 놓는 사람.
진정한 친구란 어둠 속에서도 따뜻한 담요처럼 마음을 감싸고
모두가 등 돌린 자리에 홀로 있지 않도록 내 곁을 지킵니다.

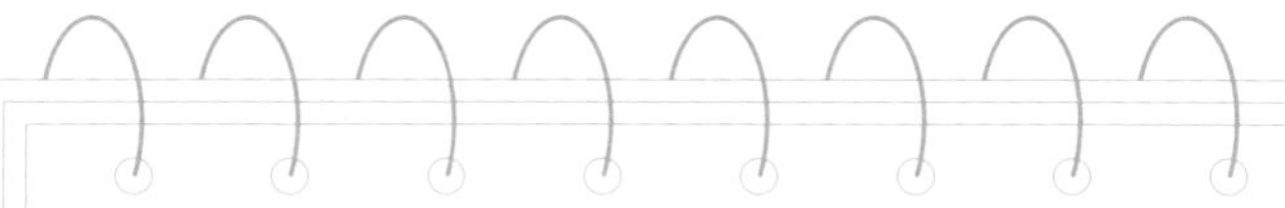

Writing Section

오늘의 명언을 천천히 곱씹으며
영문과 한글을 모두 필사해 보세요.
명언 속 궁금한 표현들은 아래의 설명을 참고하세요.

Expressions

- real = 진짜의
- real friend = 진짜 친구 ('진정한 친구'로 의역)
- walk = 걷다
- walk in/out = 걸어 들어오다/나가다
- the rest = 나머지 (사람들)
- the rest of the world = 세상의 나머지 (사람들)
('(나를 뺀) 세상 모두'라고 의역)

I would rather walk with a friend in the dark, than alone in the light.

- Helen Keller -

나는 혼자 밝은 곳을 걷기보다,
친구와 함께 어둠 속을 걷는 것이 더 좋다.

- 헬렌 켈러 -

MP3_036

친구와 함께 걷는 어둠 속 길은 마치 우리 두 사람이
서로에게 작은 별이 되어 길을 환히 밝히는 것과 같습니다.
혼자 걷는 밝은 길은 그림자조차 말이 없지만,
친구와 함께 걷는 어둠은 침묵마저 속삭임이 됩니다.
결국, 세상을 아름답게 비추는 진짜 빛은 바깥이 아니라
마음속에서 피어나는 것임을 우리는 서로를 통해 배웁니다.

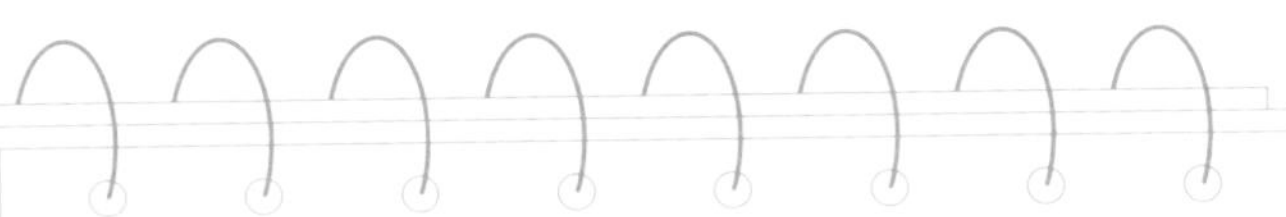

Writing Section

오늘의 명언을 천천히 곱씹으며
영문과 한글을 모두 필사해 보세요.
명언 속 궁금한 표현들은 아래의 설명을 참고하세요.

Expressions

- I would rather V = 나는 ~하는 것이 더 좋다
- walk with somebody = ~와 함께 걷다
- dark = 어둠; 어두운
- in the dark = 어둠 속에서
- walk alone = 혼자(서) 걷다
- light = 빛; 밝은
- in the light = 빛 속에서 ('밝은 곳에서'라고 의역)

A true friend never gets in your way unless you happen to be going down.

- Arnold H. Glasow -

진정한 친구는 당신이 넘어질 때가 아니면
결코 당신의 길을 막지 않는다.

- 아놀드 H. 글라소 -

MP3_037

진정한 친구란 우리가 빛나는 길을 걷고 있을 때
조용히 뒤에서 응원해 주고, 어둠 속으로 미끄러질 때
비로소 손을 내밀어 주는 사람입니다.
그들은 우리가 넘어질 때, 우리를 붙잡아 일으키는 대신
우리가 다시 일어설 수 있도록 옆에서 함께 버텨 줍니다.
진정한 친구는 어둠 속에서 더 선명하게 빛나는 법입니다.

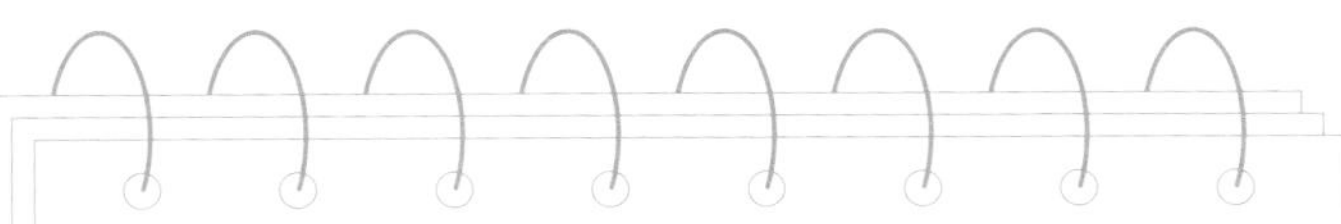

Writing Section

오늘의 명언을 천천히 곱씹으며
영문과 한글을 모두 필사해 보세요.
명언 속 궁금한 표현들은 아래의 설명을 참고하세요.

Expressions

- true friend = 진짜[진정한] 친구
- never V = 결코 ~하지 않는다
- get in one's way = ~의 길을 방해하다[막다]
- unless = ~인 게 아니면
- happen to be V-ing = (갑자기) ~하게 되다
- go down = 넘어지다
- happen to be going down = (갑자기) 넘어지게 되다

A true friend is someone who is there for you when he'd rather be anywhere else.

- Len Wein -

진정한 친구란 어디에 있든 상관없이
당신 곁을 지키는 사람이다.

- 렌 와인 -

MP3_038

진정한 친구란, 가야 할 길이 눈앞에 펼쳐져 있어도
당신을 위해 그 길을 등지고 발을 멈출 수 있는 사람입니다.
차가운 비가 내리는 날 우산 없이 함께 젖기를 택할 수 있고
햇살 가득한 오후에도 당신의 그림자가 되어 줄 수 있는 이.
진정한 친구란, 마음속 나침반이 다른 곳을 가리킬 때에도
당신 곁에 있어 줄 유일한 존재입니다.

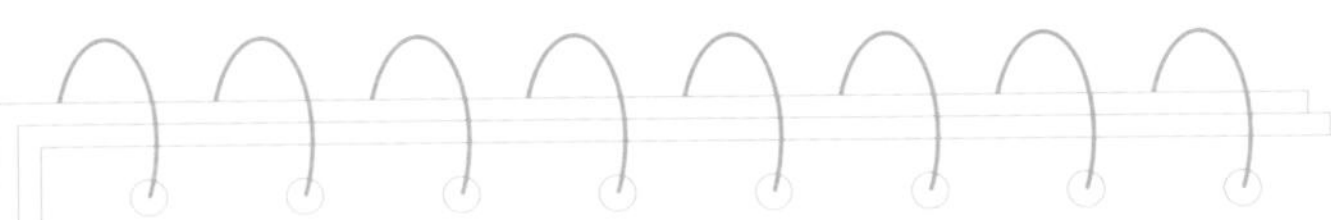

Writing Section

오늘의 명언을 천천히 곱씹으며
영문과 한글을 모두 필사해 보세요.
명언 속 궁금한 표현들은 아래의 설명을 참고하세요.

Expressions

- be there for you = 당신을 위해 그곳에 있다
  ('당신 곁을 지키다'로 의역)
- he'd rather V = 그가 ~하는 것을 더 좋아한다
- anywhere else = 다른 어떤 곳(이든)
- when he'd rather be anywhere else
  = 그가 다른 어떤 곳에 있는 걸 더 좋아할 때(에도)
  ('(그가) 어디에 있든 상관없이'라고 의역)

There are no strangers here; Only friends you haven't yet met.

- William Butler Yeats -

이곳에서 낯선 이는 없다.
아직 만나지 않은 친구들이 있을 뿐이다.

- 윌리엄 버틀러 예츠 -

MP3_039

세상은 낯선 얼굴들로 가득 차 있는 듯하지만, 어쩌면 아직 인사하지 않은 친구들을 마주하고 있는 것일지 모릅니다. 처음 마주친 눈빛 속에도 따뜻한 인연의 불씨가 숨겨져 있고, 스쳐 지나가는 순간에도 마음을 여는 작은 틈이 있습니다. 누군가의 미소가 내 하루를 밝힐 수 있듯, 나의 한 마디가 그들의 마음에 닿아 새로운 이야기를 시작하게 될지 모릅니다.

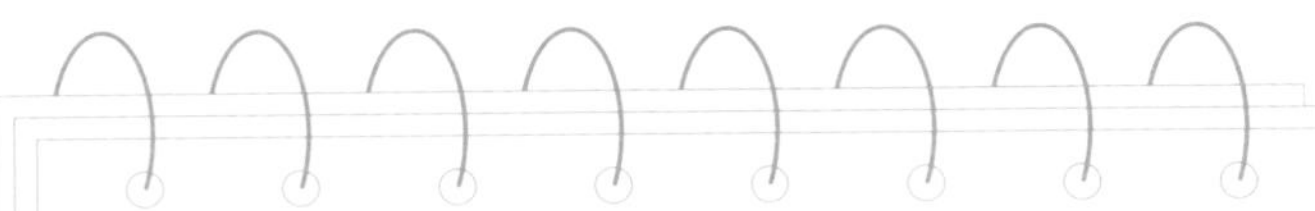

Writing Section

오늘의 명언을 천천히 곱씹으며
영문과 한글을 모두 필사해 보세요.
명언 속 궁금한 표현들은 아래의 설명을 참고하세요.

Expressions

- there are no = ~(들)이 없다
- stranger = 낯선 사람, 이방인
- here = 이곳(에서)
- friends S+V = ~가 ~하는 친구들
- haven't yet p.p. = 아직(까지) ~하지 않다
- meet = 만나다 (p.p.형: met)
- haven't yet met = 아직(까지) 만나지 않다

DAY 040

There is nothing on this earth more to be prized than true friendship.

- Thomas Aquinas -

이 세상에서 진정한 우정보다
더 귀한 것은 없다.

- 토마스 아퀴나스 -

MP3_040

진정한 우정은 시간이 흘러도 빛이 바래지 않고
그 어떤 시련에도 금이 가지 않습니다.
서로의 존재만으로도 마음이 따뜻해지고,
말없이 함께하는 순간조차 특별한 의미로 가득합니다.
세상 모든 것이 변해도, 진정한 친구와 나누는 웃음과 눈물은
영원히 변치 않는 소중한 보물로 남을 것입니다.

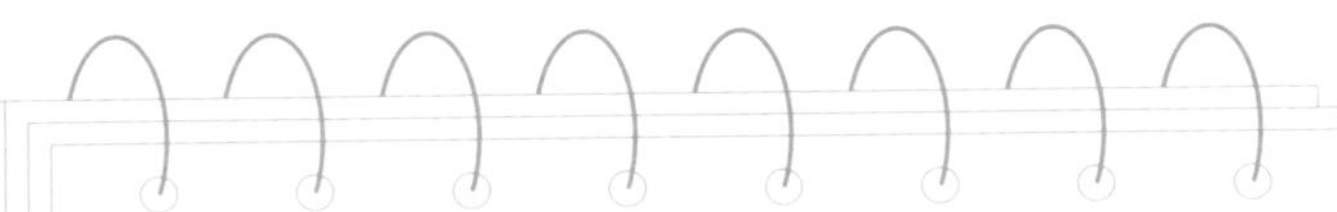

Writing Section

오늘의 명언을 천천히 곱씹으며
영문과 한글을 모두 필사해 보세요.
명언 속 궁금한 표현들은 아래의 설명을 참고하세요.

Expressions

- there is nothing = 아무것도 없다
- there is nothing more to be Adv. than A
  = A보다 더 ~인 것은 (아무것도) 없다
- earth = 지구, 세상
- on this earth = 이 지구[세상]에서
- prized = 소중한, 귀중한
- true friendship = 진짜[진정한] 우정

CHAPTER 04

Friendship

031 Friendship is the golden thread that ties the heart of all the world. - John Evelyn

032 True friendship comes when the silence between two people is comfortable. - David Tyson

033 A friend is someone who gives you total freedom to be yourself. - Jim Morrison

034 A friend is one who knows you and loves you just the same. - Elbert Hubbard

035 A real friend is one who walks in when the rest of the world walks out. - Walter Winchell

036 I would rather walk with a friend in the dark, than alone in the light. - Helen Keller

037 A true friend never gets in your way unless you happen to be going down. - Arnold H. Glasow

038 A true friend is someone who is there for you when he'd rather be anywhere else. - Len Wein

039 There are no strangers here; Only friends you haven't yet met. - William Butler Yeats

040 There is nothing on this earth more to be prized than true friendship. - Thomas Aquinas

CHAPTER 05

Hope
희망

우리가 살며 겪는 좌절과 시련을
담대히 이겨내며 극복할 수 있도록
힘을 주는 '희망'에 대한 글귀들.

DAY 041

Hope is the word which God has written on the brow of every man.

- Victor Hugo -

희망은 신이 모든 사람의
이마에 써 놓은 글자이다.

- 빅토르 위고 -

MP3_041

우리 모두는 '희망'이라는 빛을 이마에 품고 살아갑니다.
삶의 무게에 고개를 떨군 순간에도, 어둠이 마음을
짓누르는 그 순간에도, 신이 남긴 이 빛나는 흔적은
우리를 다시 일으켜 세우는 힘이 됩니다.
희망은 멀리 있는 것이 아니라 늘 우리 안에 있는 것,
우리 얼굴의 가장 위쪽에서 빛나고 있음을 기억하세요.

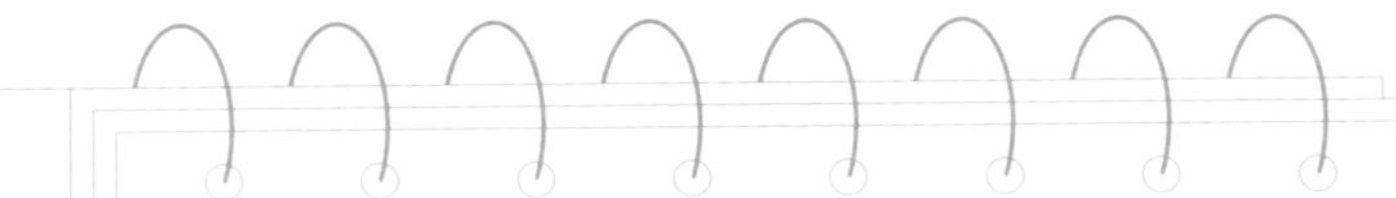

Writing Section

오늘의 명언을 천천히 곱씹으며
영문과 한글을 모두 필사해 보세요.
명언 속 궁금한 표현들은 아래의 설명을 참고하세요.

Expressions

- hope = 희망 / word = (낱)말, 단어
- the word which S+V = ~가 ~한 말[글자]
- God = 신 / write = 쓰다
- the word which God has written
  = 신이 써 놓은 말[글자]
- brow = 이마 → on the brow = 이마(위)에
- every = 모든 / man = 사람

20 년 월 일

Hope is being able to see that there is light despite all of the darkness.

- Desmond Tutu -

희망이란 모든 어둠 속에서도
빛이 있음을 볼 수 있는 것이다.

- 데스몬드 투투 -

MP3_042

세상이 깊은 밤처럼 깜깜할 때, 눈앞에 보이지 않는
빛을 믿는 것이야말로 진정한 용기입니다.
희망은 우리들 가슴속 어딘가에서 작게 반짝이며
언젠가 반드시 아침이 올 거라는 약속을 속삭입니다.
그 빛은 아직 멀리 있지만, 그 존재를 믿는 것만으로도
우리는 앞으로 나아갈 힘을 얻게 될 것입니다.

Writing Section

오늘의 명언을 천천히 곱씹으며
영문과 한글을 모두 필사해 보세요.
명언 속 궁금한 표현들은 아래의 설명을 참고하세요.

Expressions

- be able to-V = ~할 수 있다
- being able to-V = ~할 수 있는 것
- being able to see = 볼 수 있는 것
- there is = ~이 있다 / light = 빛
- despite = ~에도 불구하고, ~에서도
- all of = ~의 전부 / darkness = 어둠
- all of the darkness = 어둠의 전부, 모든 어둠

20 년 월 일

You can cut all the flowers but you cannot keep spring from coming.

- Pablo Neruda -

모든 꽃을 잘라낼 수는 있어도
봄이 오는 것을 막을 수는 없다.

- 파블로 네루다 -

MP3_043

삶의 고난과 슬픔이 아무리 우리의 마음을 짓눌러도
희망은 마치 계절처럼 다시 찾아옵니다.
차가운 겨울 끝 따스한 햇살이 찾아와 싹을 틔우듯,
우리의 꿈과 사랑도 필연처럼 피어날 수밖에 없습니다.
꺾인 꽃잎 위로도 결국 새로운 싹은 움트고,
그 싹은 다시 세상을 물들이는 봄이 될 것입니다.

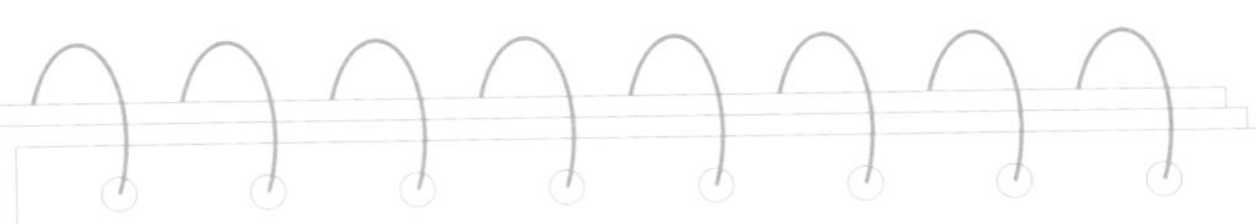

Writing Section

오늘의 명언을 천천히 곱씹으며
영문과 한글을 모두 필사해 보세요.
명언 속 궁금한 표현들은 아래의 설명을 참고하세요.

Expressions

- can V = ~할 수 있다 / cut = 자르다
- can cut = 자를[잘라낼] 수 있다
- all = 모든 / flower = 꽃
- cannot V = ~할 수 없다
- keep somebody/something from V-ing
  = ~가 ~하는 것을 막다
- spring = 봄 / come = 오다

DAY
044

The only limit to our realization of tomorrow will be our doubts of today.

- Franklin D. Roosevelt -

우리가 내일을 이루는 데 유일한 한계는
오늘의 의심일 것이다.

- 프랭클린 D. 루스벨트 -

MP3_044

오늘의 의심은 마음속에 피어난 작은 균열입니다.
그 틈새로 흘러든 불안은 내일의 햇살을 가리기도 하지만,
사실 그 균열은 새로운 가능성이 스며드는 창이기도 합니다.
의심이 만든 균열이 선명해질수록, 내일의 빛 또한 더욱
선명하게 다가올 걸 믿으세요. 무한한 가능성의 답은
언제나 '믿음' 속에 숨어 있습니다.

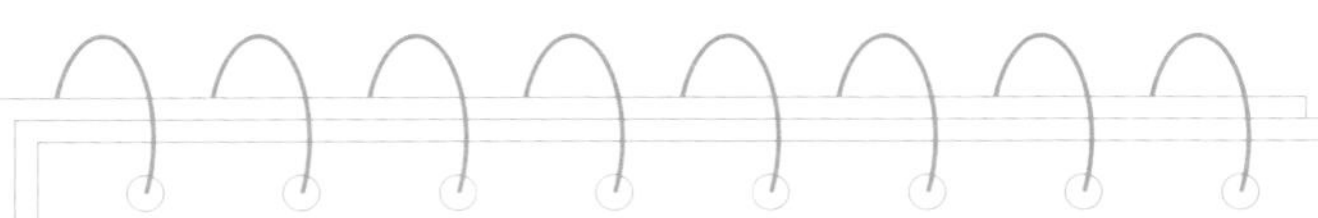

Writing Section

오늘의 명언을 천천히 곱씹으며
영문과 한글을 모두 필사해 보세요.
명언 속 궁금한 표현들은 아래의 설명을 참고하세요.

Expressions

- limit = 한계; 제한
- limit to = ~에 대한 한계
- realization = 실현 / tomorrow = 내일
- realization of tomorrow = 내일의 실현
  ('내일을 이루는 것'이라고 의역)
- will be = ~일 것이다
- doubt = 의심 / today = 오늘

DAY 045

What seems to us as bitter trials are often blessings in disguise.

- Oscar Wilde -

우리에게 쓰디쓴 시련처럼 보이는 것들이
사실은 변장한 축복인 경우가 많다.

- 오스카 와일드 -

MP3_045

쓰디쓴 시련은 포장지 없는 투박한 선물과도 같습니다.
손에 쥐었을 땐 차갑고 무거워 던져 버리고 싶지만,
시간이 흐르면 반짝이는 뭔가가 서서히 모습을 드러냅니다.
그 반짝임은 오직 고통을 견뎌낸 자만이 볼 수 있습니다.
쓰디쓴 시련은 때로, 인생이 가장 서툰 방식으로
우리에게 건네는 축복일지도 모릅니다.

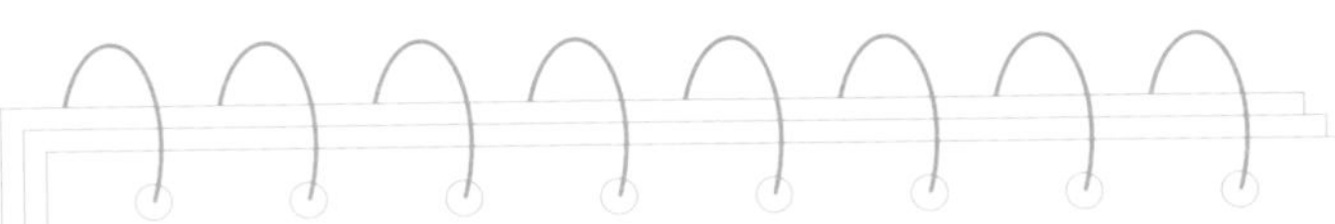

Writing Section

오늘의 명언을 천천히 곱씹으며
영문과 한글을 모두 필사해 보세요.
명언 속 궁금한 표현들은 아래의 설명을 참고하세요.

Expressions

- what V = ~하는 것(들)
- seem = (~처럼) 보이다
- seem to somebody as something
  = ~에게 ~처럼 보이다
- bitter = 쓴 / trial = 시련
- often = 종종, 자주
- blessing = 축복 / in disguise = 변장한

20 년 월 일

Keep your face always toward the sunshine, and shadows will fall behind you.

- Walt Whitman -

항상 얼굴을 햇살을 향해 돌려라.
그러면 그림자는 당신의 뒤로 떨어질 것이다.

- 월트 휘트먼 -

MP3_046

얼굴을 햇살 쪽으로 돌리는 순간,
그림자는 더 이상 우리 앞을 가로막을 힘을 잃고
조용히 뒤로 미끄러집니다. 빛은 따스하게 우리를 감싸며
잃어버린 꿈들의 조각을 깨우는 마법과도 같습니다.
우리가 포기하지 않고 햇살을 마주하기만 한다면,
그림자는 우리의 발끝 뒤에서 길을 잃게 될 것입니다.

Writing Section

오늘의 명언을 천천히 곱씹으며
영문과 한글을 모두 필사해 보세요.
명언 속 궁금한 표현들은 아래의 설명을 참고하세요.

Expressions

- keep = 유지하다 / toward = ~을 향해
- keep something (always) toward A
  = (항상) ~이 A를 향하게 유지하다
- face = 얼굴
- sunshine = 햇살
- shadow = 그림자
- fall behind = ~뒤로 떨어지다

20 년 월 일

Shoot for the moon.
Even if you miss,
you'll land among the stars.

- Norman Vincent Peale -

달을 향해 쏘아라. 비록 실패할지라도
별들 사이에 도달할 것이다.

- 노먼 빈센트 필 -

MP3_047

달을 향해 쏜 꿈이 별들 사이로 빗나가도 걱정 마세요.
어쩌면 그 화살은 별들의 속삭임을 들을 수 있는
더 좋은 기회를 우연히 찾은 것일지도 모릅니다.
달은 단 하나지만, 별은 무수히 많습니다.
그러니 실패라 생각하지 마세요. 어쩌면 그 실패는
더 새롭고 아름다운 별들을 찾게 된 '성공'일 수도 있습니다.

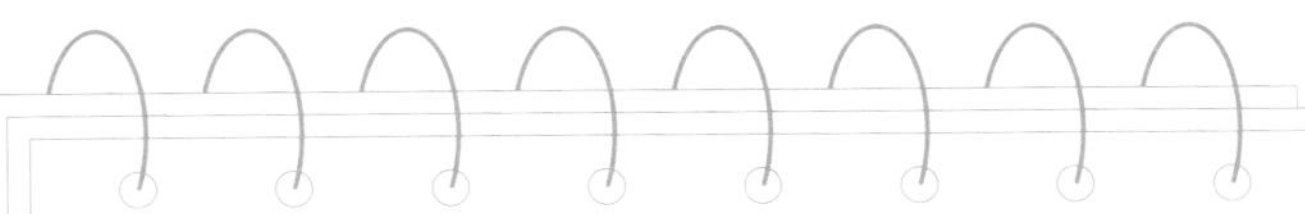

Writing Section

오늘의 명언을 천천히 곱씹으며
영문과 한글을 모두 필사해 보세요.
명언 속 궁금한 표현들은 아래의 설명을 참고하세요.

Expressions

- shoot = 쏘다
- moon = 달
- shoot for the moon = 달을 향해 쏘다
- even if = 비록 ~일지라도
- miss = 놓치다, 빗나가다
- land = (~에) 착륙하다, 도달하다
- among = ~사이에 / star = 별

DAY 048

It does not matter how slowly you go as long as you do not stop.

- Confucius -

아무리 천천히 가더라도
멈추지만 않는다면 상관없다.

- 공자 -

MP3_048

중요한 건 멈추지 않는 발걸음입니다.
때론 세상이 나보다 훨씬 빠르게 돌아가는 것 같아
조급해질 때도 있지만, 나만의 속도로 나아가는 그 자체가
이미 나만의 여정입니다. 느린 걸음에도 바람은 스쳐가고,
작은 발자국들이 쌓여 결국 원하는 곳으로 날 데려다줍니다.
포기하지 않는 한, 우린 계속 앞으로 나아가게 될 것입니다.

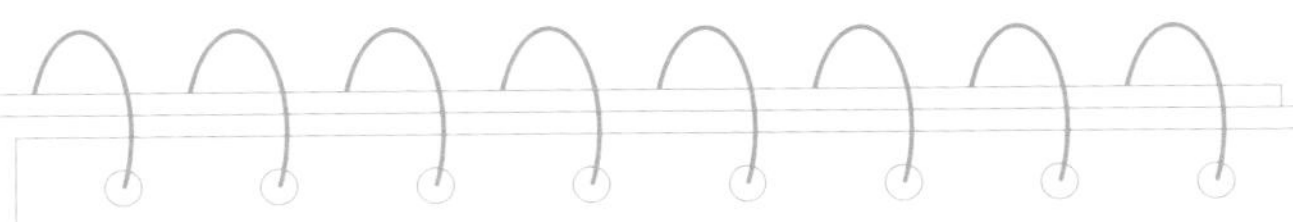

Writing Section

오늘의 명언을 천천히 곱씹으며
영문과 한글을 모두 필사해 보세요.
명언 속 궁금한 표현들은 아래의 설명을 참고하세요.

Expressions

- matter = 문제되다
- It does not matter = 문제되지 않는다
  ('상관없다'라고 의역)
- how+Adv.+S+V = ~가 얼마나 ~하게 ~하는지
- slowly = 천천히 / go = 가다
- how slowly you go = 당신이 얼마나 천천히 가는지
- as long as = ~하는 한 / stop = 멈추다

DAY 049

We must accept finite disappointment, but never lose infinite hope.

- Martin Luther King Jr. -

우리는 한계 있는 좌절을 받아들여야 하지만,
끝없는 희망은 결코 잃지 말아야 한다.

- 마틴 루터 킹 주니어 -

MP3_049

좌절은 마치 유리창에 맺힌 작은 빗방울과 같습니다.
창밖의 세상을 잠시 흐릿하게 가릴 수는 있지만,
손끝으로 문지르면 사라집니다. 그러나 희망은 다릅니다.
희망은 해가 지고 다시 떠오르는 반복 속에서도
'결코 변하지 않는 빛'입니다. 좌절은 순간이지만,
희망은 영원히 우리 곁에 머문다는 걸 기억하세요.

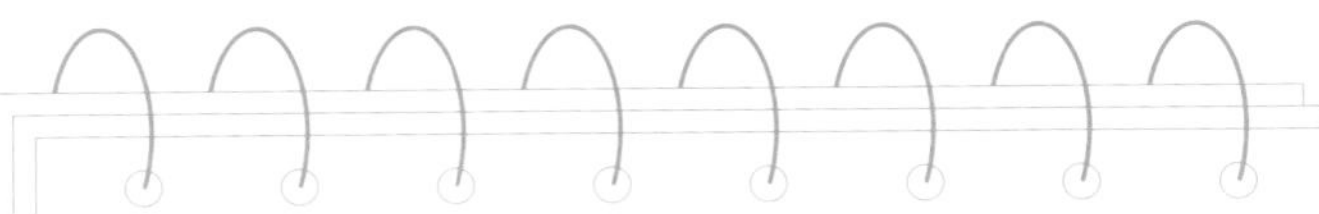

Writing Section

오늘의 명언을 천천히 곱씹으며
영문과 한글을 모두 필사해 보세요.
명언 속 궁금한 표현들은 아래의 설명을 참고하세요.

Expressions

- must V = (반드시) ~해야 한다
- accept = 받아들이다
- finite = 유한한, 한정된
- disappointment = 실망, 좌절
- must never V = 결코 ~하지 말아야 한다
- lose = 잃다
- infinite = 무한한, 끝없는 / hope = 희망

20 년 월 일

Never give up. Expect only the best from life and take action to get it.

- Catherine Pulsifer -

절대 포기하지 마라. 인생에서 최고의 것을 기대하고,
그것을 얻기 위해 행동하라.

- 캐서린 펄시퍼 -

MP3_050

기대는 희망의 씨앗이고,
행동은 그 씨앗을 꽃피우는 따뜻한 햇살입니다.
인생은 당신이 얼마나 '바라보는가'가 아니라
얼마나 '다가가는가'에 달려 있습니다.
절대 포기하지 마세요. 인생이 줄 수 있는
최고의 것을 기대하고, 그것을 향해 한 걸음 내딛으세요.

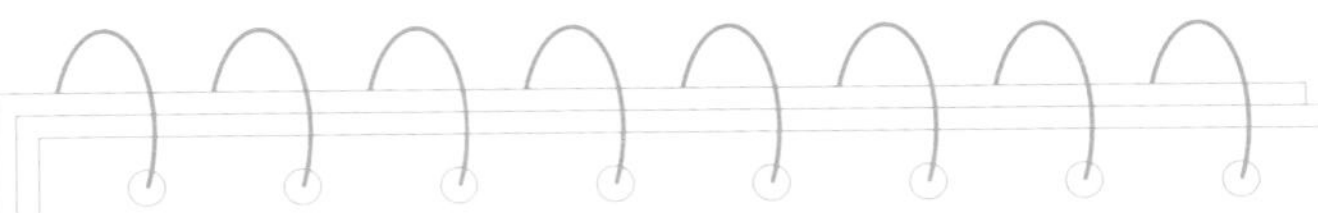

Writing Section

오늘의 명언을 천천히 곱씹으며
영문과 한글을 모두 필사해 보세요.
명언 속 궁금한 표현들은 아래의 설명을 참고하세요.

Expressions

- Never V = 절대 ~하지 마라
- give up = 포기하다
- expect = 기대하다
- expect A from B = B에서 A를 기대하다
- the best = 최고의 것 / life = 인생
- take action = 행동하다
- get = 얻다 → to get = 얻기 위해

CHAPTER 05

Hope

041 Hope is the word which God has written on the brow of every man. - Victor Hugo

042 Hope is being able to see that there is light despite all of the darkness. - Desmond Tutu

043 You can cut all the flowers but you cannot keep Spring from coming. - Pablo Neruda

044 The only limit to our realization of tomorrow will be our doubts of today. - Franklin D. Roosevelt

045 What seems to us as bitter trials are often blessings in disguise. - Oscar Wilde

046 Keep your face always toward the sunshine, and shadows will fall behind you. - Walt Whitman

047 Shoot for the moon. Even if you miss, you'll land among the stars. - Norman Vincent Peale

048 It does not matter how slowly you go as long as you do not stop. - Confucius

049 We must accept finite disappointment, but never lose infinite hope. - Martin Luther King Jr.

050 Never give up. Expect only the best from life and take action to get it. - Catherine Pulsifer

CHAPTER 06

Happiness
행복

진정한 행복이란 무엇인지,
행복한 삶을 위한 참된 방법에 대해
이야기하는 지혜로운 글귀들.

DAY 051

Happiness often sneaks in through a door you didn't know you left open.

- John Barrymore -

행복은 당신이 열어둔 줄도 몰랐던
문틈으로 슬며시 찾아온다.

- 존 배리모어 -

MP3_051

문득 스치는 따스한 바람처럼,
익숙한 거리에서 들려오는 낯익은 웃음소리처럼,
어쩌면 행복은 우리가 찾으려 애쓰면 애쓸수록 멀어지고
잊은 순간 불쑥 찾아오는 반가운 손님인지도 모릅니다.
그러니 마음 한 켠 작은 문을 살며시 열어두세요.
행복은 언제나 그곳에서 기다리고 있을 테니까요.

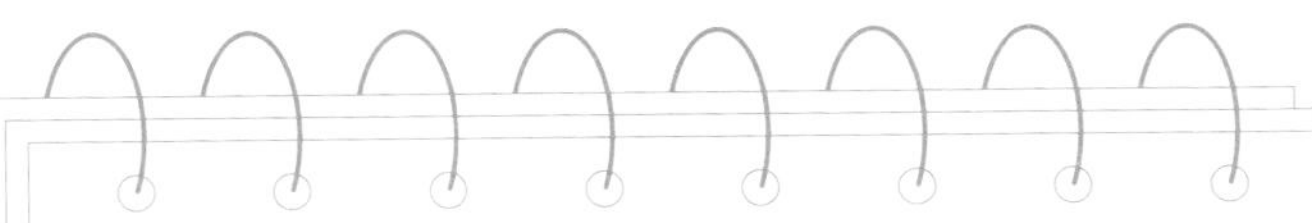

Writing Section

오늘의 명언을 천천히 곱씹으며
영문과 한글을 모두 필사해 보세요.
명언 속 궁금한 표현들은 아래의 설명을 참고하세요.

Expressions

- happiness = 행복
- sneak in = 슬며시[살짝] 들어오다
- through = ~을 통해 / door = 문
- through a door = 문을 통해 ('문틈으로'라고 의역)
- know = 알다 → didn't know = 몰랐다
- leave = (~한 상태로) 두다 / open = 열려 있는
- leave open = 열어(놓은 상태로) 두다

Happiness is like a butterfly; the more you chase it, the more it will elude you.

- Nathaniel Hawthorne -

행복은 나비와 같아서,
쫓아갈수록 더 멀리 날아가 버린다.

- 나다니엘 호손 -

MP3_052

행복은 손끝에 닿을 듯 아른거리는 나비와도 같습니다.
움켜잡으려 달려들면 들수록, 나비는 더 멀리 날아갑니다.
그러나 잠시 숨을 고르고 그 자리에 조용히 앉아 마음을 열면
나비는 어느새 우리의 어깨나 손끝에 살포시 내려앉습니다.
어쩌면 행복은 찾아 나서는 것이 아니라, 우리가 있는
그 자리에 조용히 스며드는 것인지도 모릅니다.

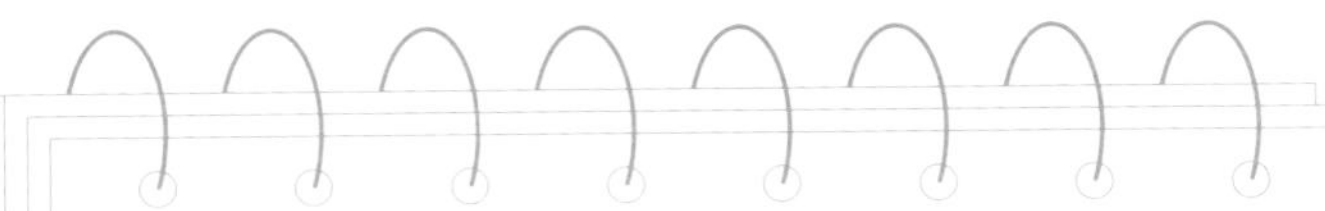

Writing Section

오늘의 명언을 천천히 곱씹으며
영문과 한글을 모두 필사해 보세요.
명언 속 궁금한 표현들은 아래의 설명을 참고하세요.

Expressions

- like = (마치) ~와 같은
- butterfly = 나비
- The more ~, the more ~ = ~일수록 더 ~이다
- chase = (뒤)쫓다, 추적하다
- elude = (~에게서) 빠져나가다
- elude you = (나비가) 당신에게서 빠져나가다
  ('(나비가) 날아가 버리다'라고 의역)

DAY 053

For every minute you are angry, you lose sixty seconds of happiness.

- Ralph Waldo Emerson -

당신이 분노하는 매 순간,
행복할 수 있는 60초를 잃게 된다.

- 랄프 월도 에머슨 -

MP3_053

우리가 분노에 허락한 1분의 시간 동안
행복이라는 이름의 60초는 조용히 사라집니다.
마치 햇살이 머물 자리에 그림자를 들여놓은 듯,
분노는 우리의 마음속에 깊은 어둠을 입힙니다.
분노의 순간을 보내 주세요. 그러면 잃어버린 60초가
다시 햇살처럼 스며들어 마음을 따스하게 채울 것입니다.

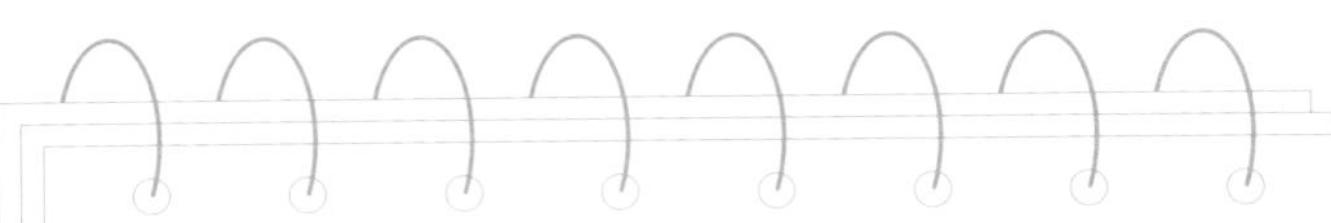

Writing Section

오늘의 명언을 천천히 곱씹으며
영문과 한글을 모두 필사해 보세요.
명언 속 궁금한 표현들은 아래의 설명을 참고하세요.

Expressions

- every = 매~ / minute = (시간 단위의) 분
- every minute = 매분 ('매 순간'으로 의역)
- for every minute S+V = ~가 ~하는 매 순간
- angry = 화난, 분노한 / lose = 잃다
- second = (시간 단위의) 초
- sixty seconds of happiness = 행복의 60초
  ('행복할 수 있는 60초'라고 의역)

Happiness is not the absence of problems, it's the ability to deal with them.

- Steve Maraboli -

행복은 문제가 없는 상태가 아니라,
그것을 헤쳐 나갈 수 있는 능력이다.

- 스티브 마라볼리 -

MP3_054

행복은 고요한 바다처럼 문제없는 평온함이 아닙니다.
오히려 거센 파도를 마주했을 때에도 침몰하지 않고
물결 위에 몸을 맡기며 삶의 리듬을 즐기는 용기입니다.
바람이 불고 구름이 끼어도 우리는 앞으로 나아갈 수 있습니다.
그 과정에서 우리의 마음은 더욱 단단해지고,
그러면서 피어나는 유쾌한 웃음이 진정한 행복을 만듭니다.

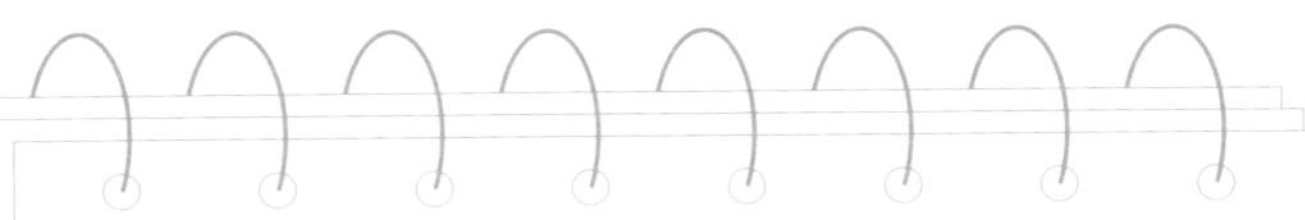

Writing Section

오늘의 명언을 천천히 곱씹으며
영문과 한글을 모두 필사해 보세요.
명언 속 궁금한 표현들은 아래의 설명을 참고하세요.

Expressions

- absence = 없음, 부재 / problem = 문제
- absence of problems = 문제의 없음[부재]
  ('문제가 없는 상태'라고 의역)
- ability (to-V) = (~할 수 있는) 능력
- deal with = ~을 처리하다
- deal with them = 그것을[문제를] 처리하다
  ('그것을 헤쳐 나가다'로 의역)

Happiness is not something ready-made. It comes from your own actions.

- Dalai Lama -

행복은 미리 만들어져 있는 것이 아니다.
그것은 당신의 행동에서 온다.

- 달라이 라마 -

MP3_055

행복은 매일의 작은 선택과 행동 속에서
서서히 만들어지는 작품입니다. 누군가의 미소에 답하는 순간,
스스로에게 다정한 말을 건네는 순간, 그 모든 행동들이 모여
우리의 마음속에 잔잔한 행복의 파문을 일으킵니다.
이렇듯 행복은 멀리 있는 것이 아니라
우리가 만든 길 위에 살포시 내려앉는 따스한 빛입니다.

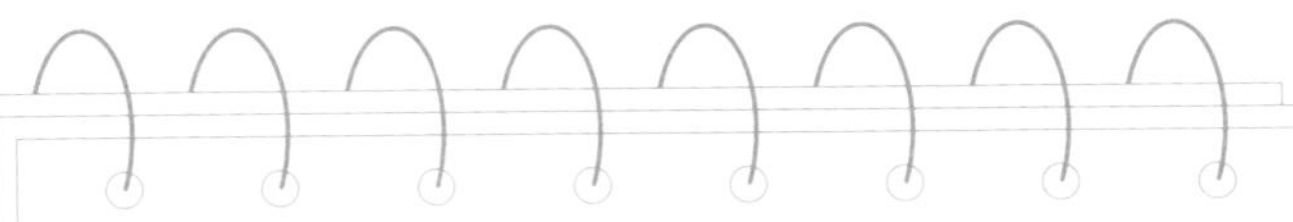

Writing Section

오늘의 명언을 천천히 곱씹으며
영문과 한글을 모두 필사해 보세요.
명언 속 궁금한 표현들은 아래의 설명을 참고하세요.

Expressions

- something = (어떤) 것
- something Adv. = ~한 (어떤) 것
- ready-made = 이미[미리] 만들어져 있는
- come = 오다
- come from = ~에서 오다
- one's own = ~의 → your own = 당신의
- action = 행동

20 년 월 일

The only thing that will make you happy is being happy with who you are.

- Goldie Hawn -

당신을 행복하게 만드는 유일한 것은
있는 그대로의 자신을 행복하게 여기는 것이다.

- 골디 혼 -

MP3_056

행복은 먼 곳에 있는 보물이 아니라, 거울 속에 비친
나 자신을 사랑하는 순간 피어나는 작은 꽃과 같습니다.
세상이 원하는 모습이 아닌 있는 그대로의 나를 인정할 때
마음속 깊은 곳에 따스한 행복의 빛이 스며듭니다.
진정한 행복은 누군가의 시선이나 성취가 아닌,
나라는 존재 자체를 인정하는 순간 찾아오는 선물입니다.

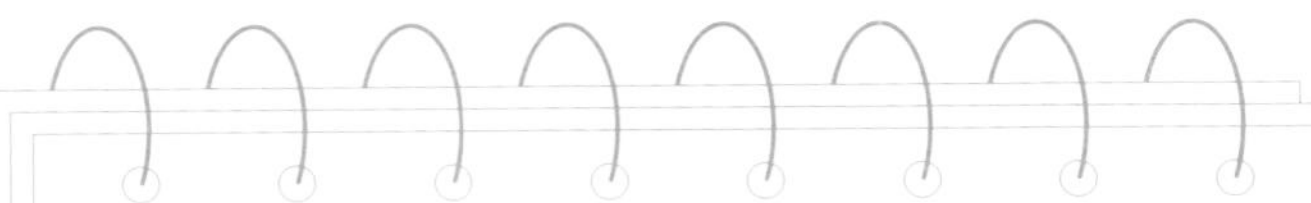

Writing Section

오늘의 명언을 천천히 곱씹으며
영문과 한글을 모두 필사해 보세요.
명언 속 궁금한 표현들은 아래의 설명을 참고하세요.

Expressions

- the only thing that V = ~하는 유일한 것
- make somebody Adv. = ~을 ~하게 만들다
- happy (with) = (~에) 행복해하는
- who you are = 당신인 (사람인) 것
- happy with who you are
  = 당신인 (사람인) 것에 행복해하는
  ('있는 그대로의 자신을 행복하게 여기는'이라고 의역)

To be happy, we must not be too concerned with others.

- Albert Camus -

행복해지려면, 우리는 타인에 대해
너무 신경 쓰지 말아야 한다

- 알베르트 카뮈 -

MP3_057

타인의 사소한 말 한마디에 마음이 흔들리면
진짜 나의 목소리는 점점 희미해집니다.
우리가 진정 바라봐야 할 것은 바깥이 아니라
내 안에서 조용히 빛나는 작은 만족과 소소한 기쁨입니다.
타인의 시선이 사라진 자리엔 오롯이 나만의 색깔로 채워진
자유가 피어나 비로소 진정한 행복이 숨을 쉬게 됩니다.

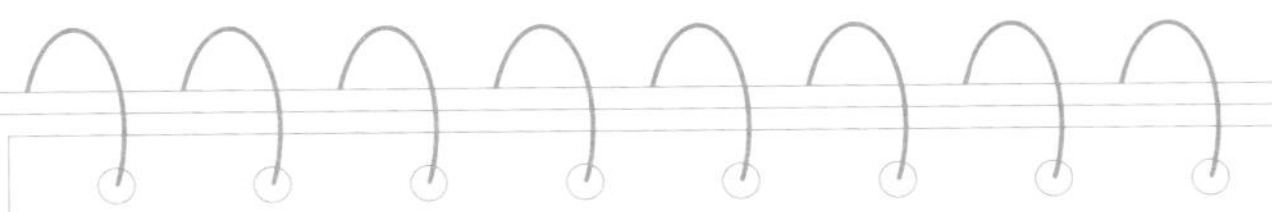

Writing Section

오늘의 명언을 천천히 곱씹으며
영문과 한글을 모두 필사해 보세요.
명언 속 궁금한 표현들은 아래의 설명을 참고하세요.

Expressions

- to be Adv. = ~해지려면
- to be happy = 행복해지려면
- must not be Adv. = ~하지 말아야 한다
- too = 너무
- concerned (with) = (~에 대해) 걱정하는
  ('(~에 대해) 너무 신경 쓰는'이라고 의역)
- other = 다른 사람, 타인

20 년 월 일

It is not how much we have, but how much we enjoy, that makes happiness.

- Charles Spurgeon -

행복을 만드는 것은 우리가 얼마나
가졌느냐가 아니라 얼마나 즐기느냐이다.

- 찰스 스펄전 -

MP3_058

갈은 하늘 아래에 같은 햇살을 받아도
누군가는 그 따스함에 미소 짓고, 또 다른 누군가는
더 밝은 빛을 찾습니다. 소박한 하루 속에서도 눈부신 순간을
발견할 줄 아는 즐거움들이 쌓여 진짜 행복을 만듭니다.
가진 것이 많지 않아도 그것을 사랑하고 누릴 줄 아는 순간,
우리는 이미 가장 부유한 사람이 된 것이나 마찬가지입니다.

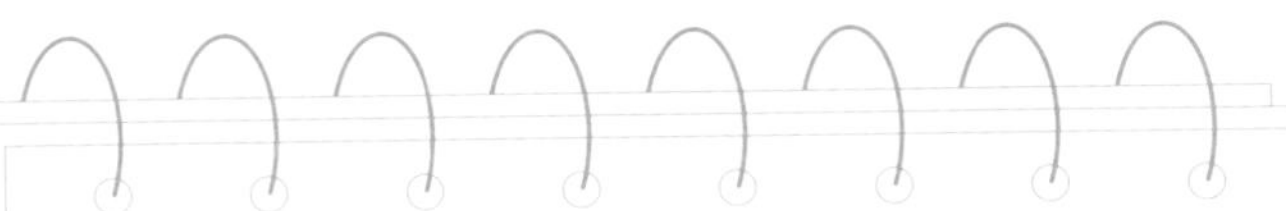

Writing Section

오늘의 명언을 천천히 곱씹으며
영문과 한글을 모두 필사해 보세요.
명언 속 궁금한 표현들은 아래의 설명을 참고하세요.

Expressions

- It is not = ~이 아니다
- how much S+V = ~가 얼마나 ~하는지
- have = 가지다
- how much we have = 우리가 얼마나 가졌는지
- enjoy = 즐기다
- how much we enjoy = 우리가 얼마나 즐기는지
- make = 만들다

Life is
10% what happens to us
and 90% how we react to it.

- Charles R. Swindoll -

인생은 우리에게 일어나는 일이 10%,
그에 대한 우리의 반응이 90%이다.

- 찰스 R. 스윈돌 -

MP3_059

같은 폭풍 속에서도 누군가는 두려움에 떨고,
누군가는 바람을 가르며 당당히 앞으로 나아갑니다.
삶의 10%는 우연히 주어진 장면들이지만
90%는 우리가 그 장면 위에 칠하는 색깔의 조화입니다.
그러니 세상이 주는 파도에 두려워만 하지 말고
그 위에 여러분만의 멋진 항로를 그려 보세요.

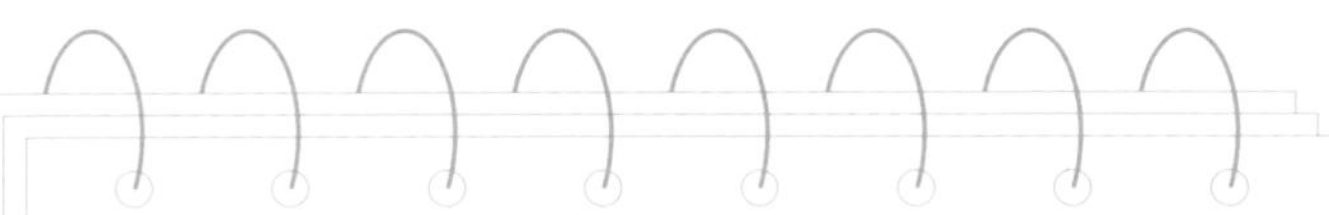

Writing Section

오늘의 명언을 천천히 곱씹으며
영문과 한글을 모두 필사해 보세요.
명언 속 궁금한 표현들은 아래의 설명을 참고하세요.

Expressions

- life = 인생
- 10% what V = ~하는 것[일]이 10%
- happen (to) = (~에게) 일어나다
- happen to us = 우리에게 일어나다
- 90% how S+V = ~가 ~하는 방식이 90%
- react (to) = (~에 대해) 반응하다
- react to it = 그에 대해 반응하다

DAY 060

Most people are about as happy as they make up their minds to be.

- Abraham Lincoln -

대부분의 사람들은
자신이 마음먹은 만큼 행복하다.

- 에이브러햄 링컨 -

MP3_060

어떤 이는 삶이 주는 색을 그대로 받아들이지만, 누군가는
회색 하늘 아래에서도 자신만의 색연필로 무지개를 그립니다.
행복은 상황의 선물이 아니라 선택의 결과입니다.
우리는 마음이라는 캔버스 위에 어떠한 감정을 그릴지
스스로 결정하는 화가입니다. 마음을 여는 순간,
행복은 이미 우리 안에 있음을 깨닫게 될 것입니다.

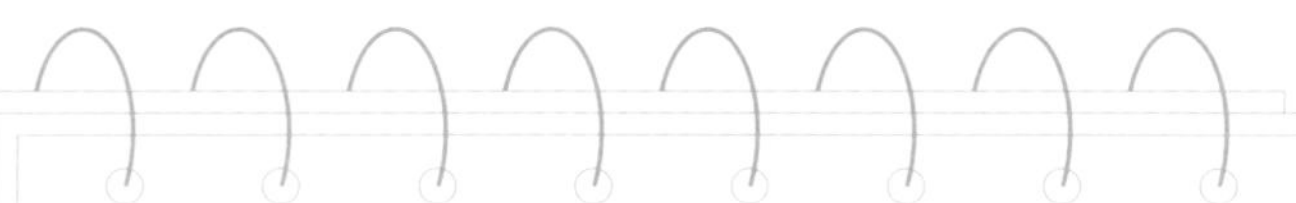

Writing Section

오늘의 명언을 천천히 곱씹으며
영문과 한글을 모두 필사해 보세요.
명언 속 궁금한 표현들은 아래의 설명을 참고하세요.

Expressions

- most = 대부분의, 가장 많은
- people = 사람들
- as Adv. as S+V = ~가 ~하는 만큼 ~한
- happy = 행복한
- make up one's mind = 마음먹다
- as happy as they make up their minds (to be)
  = (그렇게 되기로) 그들이 마음먹은 만큼 행복한

CHAPTER 06

Happiness

051 Happiness often sneaks in through a door you didn't know you left open. - John Barrymore

052 Happiness is like a butterfly; the more you chase it, the more it will elude you. - Desmond Tutu

053 For every minute you are angry, you lose sixty seconds of happiness. - Ralph Waldo Emerson

054 Happiness is not the absence of problems, it's the ability to deal with them.
- Franklin D. Roosevelt

055 Happiness is not something ready-made. It comes from your own actions. - Dalai Lama

056 The only thing that will make you happy is being happy with who you are. - Goldie Hawn

057 To be happy, we must not be too concerned with others. - Albert Camus

058 It is not how much we have, but how much we enjoy, that makes happiness. - Charles Spurgeon

059 Life is 10% what happens to us and 90% how we react to it. - Charles R. Swindoll

060 Most people are about as happy as they make up their minds to be. - Abraham Lincoln

CHAPTER 07

Courage
용기

두려움을 떨쳐내고 미래를 위한
담대한 도전과 모험을 할 수 있도록
힘을 실어 주는 힘찬 글귀들.

DAY 061

Courage is not the lack of fear but the ability to face it.

- John B. Putnam Jr. -

용기는 두려움이 없는 것이 아니라
그것을 마주할 수 있는 능력이다.

- 존 B. 퍼트넘 주니어 -

MP3_061

두려움이란 거친 바람처럼 우리의 가슴을 흔듭니다.
그리고 용기란, 바람을 피할 수 있는 마법이 아니라
그 속에서 버티며 나를 찾아내는 힘입니다.
두려움이 바람처럼 휘몰아칠 때
그것을 가로막는 나무처럼 묵묵히 서 있는 것.
그것이 바로 진정한 용기입니다.

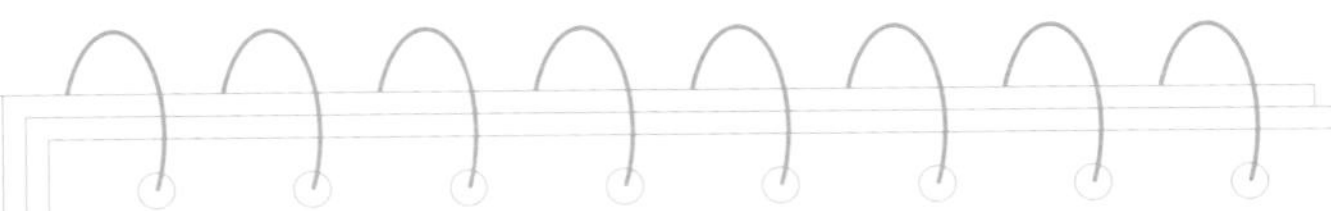

Writing Section

오늘의 명언을 천천히 곱씹으며
영문과 한글을 모두 필사해 보세요.
명언 속 궁금한 표현들은 아래의 설명을 참고하세요.

Expressions

- courage = 용기
- lack = 부족, 결핍
- fear = 두려움
- the lack of fear = 두려움의 부족[결핍]
  ('두려움이 없는 것'이라고 의역)
- ability to-V = ~할 수 있는 능력
- face = (~을) 마주하다

The opposite of courage is not cowardice; it is conformity.

- Rollo May -

용기의 반대는
겁쟁이가 아니라, 순응이다.

- 롤로 메이 -

MP3_062

용기의 반대는 두려움이 아니라
바람에 휘말려 무심히 방향을 잃어버린 나뭇잎처럼
자기 자신을 잃어가는 것,
내 안의 불꽃을 흐릿하게 만드는 것입니다.
세상의 소리 대신, 내 마음의 울림을 따라
걷는 것이야말로 가장 강렬한 용기일 것입니다.

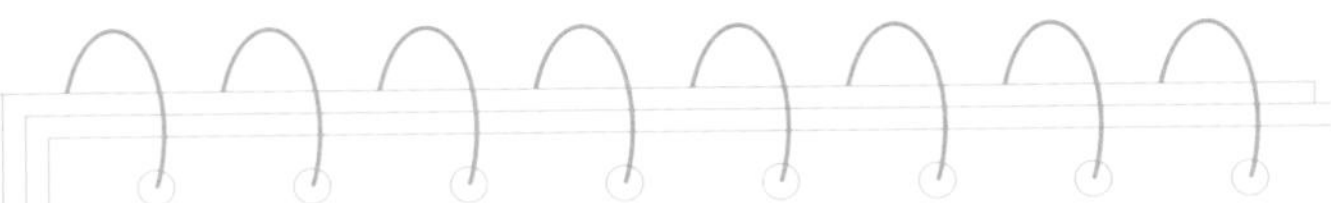

Writing Section

오늘의 명언을 천천히 곱씹으며
영문과 한글을 모두 필사해 보세요.
명언 속 궁금한 표현들은 아래의 설명을 참고하세요.

Expressions

- opposite = 반대
- the opposite of = ~의 반대
- the opposite of courage = 용기의 반대
- The opposite of courage is not A, it is B
  = 용기의 반대는 A가 아니라, B이다
- cowardice = (비)겁
- conformity = 순응, 따름

Only those who dare to fail greatly can ever achieve greatly.

- Robert F. Kennedy -

크게 실패할 용기가 있는 사람만이
크게 이룰 수 있다.

- 로버트 F. 케네디 -

MP3_063

실패는 끝이 아니라 '가능성'의 또 다른 얼굴,
넘어짐 속에 숨겨진 '꿈'의 조각들입니다.
우리가 두려움을 안고도 도전할 때, 비로소 인생은
우리의 용기를 시험한 뒤 찬란한 성취의 빛을 선물합니다.
실패는 상처가 아닌 성장의 흔적이며,
그 흔적 위에 우리는 더 단단한 자신을 세우게 됩니다.

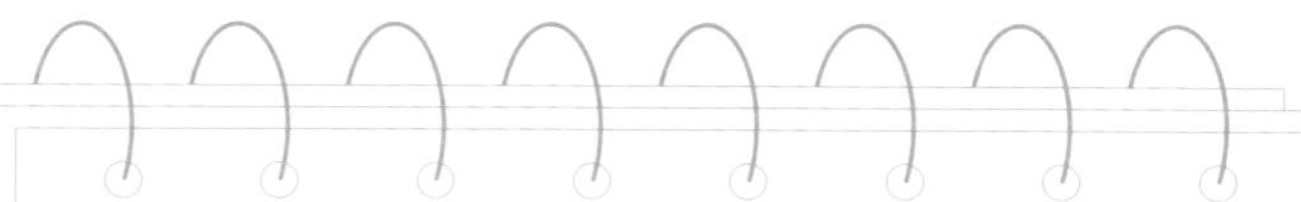

Writing Section

오늘의 명언을 천천히 곱씹으며
영문과 한글을 모두 필사해 보세요.
명언 속 궁금한 표현들은 아래의 설명을 참고하세요.

Expressions

- those who V = ~하는 사람들
- dare to-V = ~할 용기가 있다
- fail = 실패하다 / greatly = 크게, 대단히
- those who dare to fail greatly
  = 크게 실패할 용기가 있는 사람들
- can V = ~할 수 있다
- achieve = 이루다, 성취하다

DAY 064

A person who never made a mistake never tried anything new.

\- Albert Einstein -

실수를 한 번도 하지 않은 사람은
새로운 것을 시도해본 적이 없는 사람이다.

\- 알베르트 아인슈타인 -

MP3_064

실수는 어둠 속에 피어난 별처럼
빛을 찾으려는 여정의 일부입니다.
아무리 부딪히고 넘어져도, 그 모든 순간들이
우리를 새로움을 향한 길로 이끕니다.
실패의 한 조각조차, 우리가 꿈꾸는 새로운 세계로
나아가는 작은 다리가 되어 줄 것입니다.

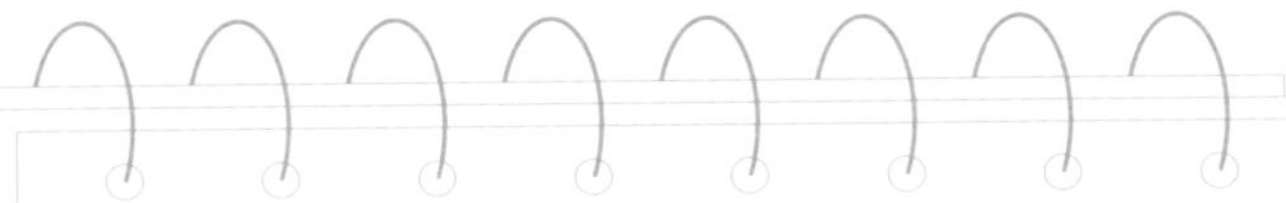

Writing Section

오늘의 명언을 천천히 곱씹으며
영문과 한글을 모두 필사해 보세요.
명언 속 궁금한 표현들은 아래의 설명을 참고하세요.

Expressions

- person = 사람
- a person who never V = (절대) ~하지 않는 사람
- make = 만들다 / mistake = 실수
- make a mistake = 실수하다
- try = 시도하다
- never tried = 시도해 본 적 없다
- anything = 그 무엇(이든) / new = 새로운

20 년 월 일

It's not whether you get knocked down, it's whether you get up.

- Vince Lombardi -

넘어졌느냐가 중요한 것이 아니라,
다시 일어났느냐가 중요하다.

- 빈스 롬바디 -

MP3_065

넘어져 손바닥에 묻은 흙은 단순한 먼지가 아니라
다시 일어서기 위해 우리가 붙잡은 세상의 조각입니다.
일어서는 것은 중력에 대한 반항이 아닌
어제의 나를 넘어서겠다는 조용한 선언입니다.
넘어짐이 끝이 아니라는 걸 아는 사람만이
일어섬 속에서 진짜 자신을 만날 수 있습니다.

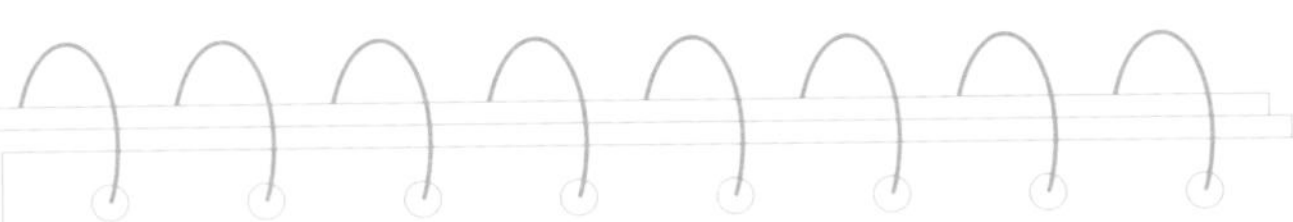

Writing Section

오늘의 명언을 천천히 곱씹으며
영문과 한글을 모두 필사해 보세요.
명언 속 궁금한 표현들은 아래의 설명을 참고하세요.

Expressions

- whether = ~인지 (아닌지)
- It's not whether A, it's whether B
  = A인지가 중요한 게 아니라 B인지가 중요하다
- knock down = 쓰러뜨리다
- knocked down = 쓰러지게 된
- get knocked down = 쓰러지게 되다
- get up = 일어나다

Don't let the fear of losing be greater than the excitement of winning.

- Robert Kiyosaki -

지지 않을까 하는 두려움이
이길 때의 설렘보다 커지게 하지 마라.

- 로버트 기요사키 -

MP3_066

우리는 종종 패배의 그림자에 갇혀 꿈의 날개를 접습니다.
하지만 그 그림자가 크면 클수록, 이는 곧
승리의 빛 또한 더 눈부시고 크다는 걸 뜻합니다.
패배는 끝이 아니라 승리를 향한 도전의 시작입니다.
그 승리의 순간을 향해 달려가는 것이야말로
진정한 힘이자 자유, 눈부신 용기일 것입니다.

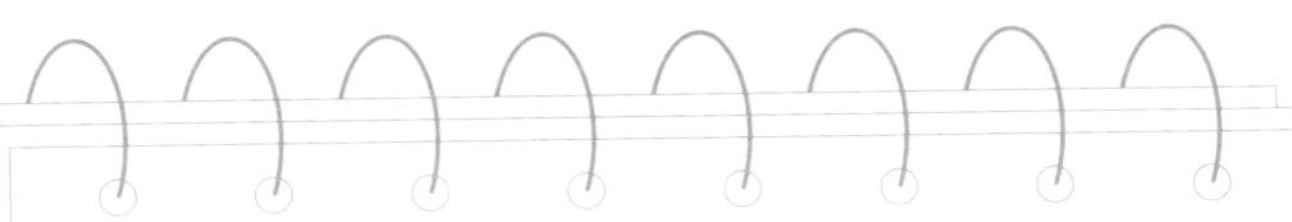

Writing Section

오늘의 명언을 천천히 곱씹으며
영문과 한글을 모두 필사해 보세요.
명언 속 궁금한 표현들은 아래의 설명을 참고하세요.

Expressions

- Don't let something V
  = ~가 ~하게 (허락)하지 마라
- fear (of V-ing) = (~하는 것에 대한) 두려움
- excitement (of V-ing) = (~하는 것의) 신남[설렘]
- lose = 지다 / win = 이기다
- great = (보통 이상으로) 큰
- greater = 더 큰

Do not fear the shadows. It means there is light nearby.

- Ruth E. Renkel -

그림자를 두려워하지 마라.
그것은 가까이에 빛이 있다는 뜻이다.

- 루스 E. 렌켈 -

MP3_067

그림자는 어둠 속에서 춤추며 빛의 존재를 속삭입니다.
우리는 종종 그 그림자를 두려워하지만
사실 그것은 빛이 다가올 준비가 되었음을 알리는
신호일 뿐입니다. 어두운 길 끝에 숨겨진
빛의 미소를 믿고, 그 그림자를 지나면
결국 눈부신 세계가 펼쳐질 것입니다.

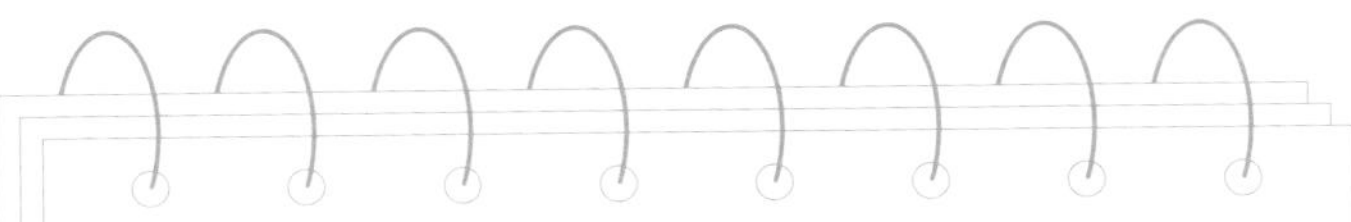

Writing Section

오늘의 명언을 천천히 곱씹으며
영문과 한글을 모두 필사해 보세요.
명언 속 궁금한 표현들은 아래의 설명을 참고하세요.

Expressions

- Do not V = ~하지 마라
- fear = 두려움; 두려워하다
- shadow = 그림자
- It means = ~라는 뜻이다
- there is = ~이 있다
- light = 빛
- nearby = 가까운 곳에, 인근에

Don't be afraid to give up the good to go for the great.

- John D. Rockefeller -

좋은 것을 포기하고 위대한 것을
선택하는 것을 두려워하지 마라.

- 존 D. 록펠러 -

MP3_068

우리가 가진 확실한 '좋음'을 내려놓을 때,
그 자리에 불확실한 '위대함'이 들어설 수 있다는
믿음을 갖고 두려움을 떨쳐내야 합니다.
그렇게 한 걸음만 더 내디딜 용기가 있다면,
미지의 세계로 향하는 문이 열림과 동시에
우리가 꿈꿨던 위대한 풍경이 펼쳐질 것입니다.

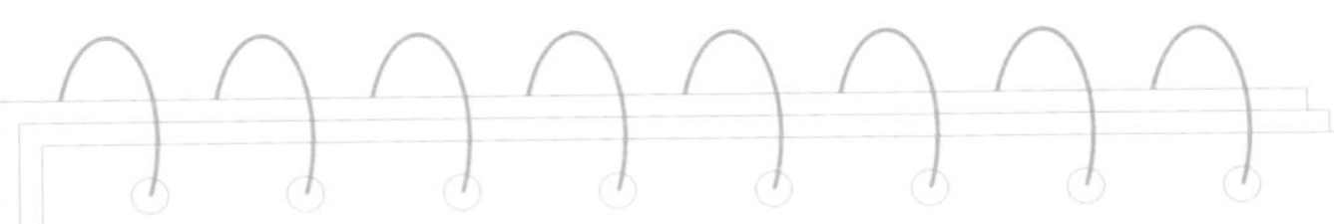

Writing Section

오늘의 명언을 천천히 곱씹으며
영문과 한글을 모두 필사해 보세요.
명언 속 궁금한 표현들은 아래의 설명을 참고하세요.

Expressions

- Don't be Adv. = ~하지 마라
- afraid = 두려워하는
- afraid to-V = ~하는 것을 두려워하는
- give up = 포기하다
- go for = ~을 (선)택하다
- good = 좋은 → the good = 좋은 것
- great = 위대한 → the great = 위대한 것

A ship is safe in harbor, but that's not what ships are for.

- John A. Shedd -

배는 항구에 있을 때 안전하지만,
그것이 배의 존재 이유는 아니다.

- 존 아우구스투스 셰드 -

MP3_069

파도가 몰아치는 대양을 향해 떠날 때,
배는 비로소 그 존재의 심연을 마주합니다.
항구의 안전함은 그저 기다림일 뿐,
진정한 여행은 미지의 바다 위에서 펼쳐집니다.
우리 역시 세상의 거친 물결 속에서
비로소 내면에 숨겨진 날개를 펼치게 될 것입니다.

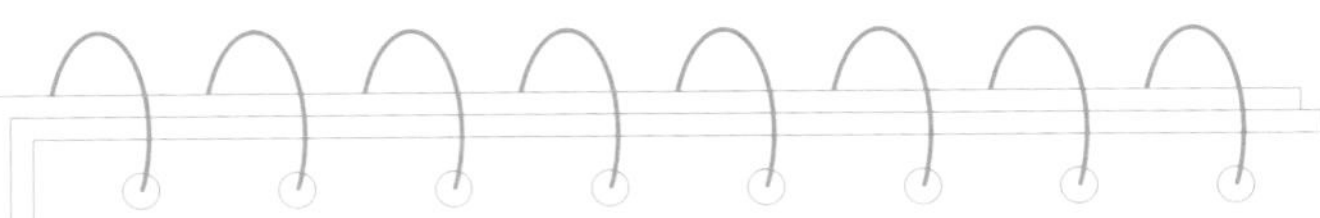

Writing Section

오늘의 명언을 천천히 곱씹으며
영문과 한글을 모두 필사해 보세요.
명언 속 궁금한 표현들은 아래의 설명을 참고하세요.

Expressions

- ship = 배
- safe = 안전한
- harbor = 항구
- in harbor = 항구에 ('항구에 있을 때'라고 의역)
- that's not what S+V
  = 그것이 ~가 ~하는 것은[이유는] 아니다
- for = ~을 위한 (이유)

Everything you've ever wanted is on the other side of fear.

- George Adair -

당신이 바라던 모든 것은
두려움의 너머에 있다.

– 조지 아데어 –

MP3_070

두려움은 우리 마음속 보이지 않는 벽과 같습니다.
그 벽은 차갑고 높아 보이지만, 손을 뻗어 만져 보면
사실 얇고 부서지기 쉬운 종잇장에 불과합니다.
우리가 원하는 모든 건 이 벽 너머에 있습니다.
한 걸음만 내딛으면, 두려움의 벽은 사라지고
더 빛나는 순간을 만드는 길이 열리게 됩니다.

Writing Section

오늘의 명언을 천천히 곱씹으며
영문과 한글을 모두 필사해 보세요.
명언 속 궁금한 표현들은 아래의 설명을 참고하세요.

Expressions

- everything = 모든 것
- everything S+V = ~가 ~하는 모든 것
- want = 바라다
- have ever wanted = (그토록) 바래 왔다
- the other side (of) = (~의) 반대쪽
- the other side of fear = 두려움의 반대쪽
  ('두려움의 너머'라고 의역)

CHAPTER 07

Courage

061 Courage is not the lack of fear but the ability to face it. - John B. Putnam Jr.

062 The opposite of courage is not cowardice; it is conformity. - Rollo May

063 Only those who dare to fail greatly can ever achieve greatly. - Robert F. Kennedy

064 A person who never made a mistake never tried anything new. - Albert Einstein

065 It's not whether you get knocked down, it's whether you get up. - Vince Lombardi

066 Don't let the fear of losing be greater than the excitement of winning. - Robert Kiyosaki

067 Do not fear the shadows. It means there is light nearby. - Ruth E. Renkel

068 Don't be afraid to give up the good to go for the great. - John D. Rockefeller

069 A ship is safe in harbor, but that's not what ships are for. - John A. Shedd

070 Everything you've ever wanted is on the other side of fear. - George Adair

CHAPTER 08

Freedom
자유

삶에 있어 참된 자유란 무엇인지,
자유의 중요성과 이를 지키는 방법에
대해 고찰하는 좋은 글귀들.

DAY 071

Freedom means the opportunity to be what we never thought we would be.

- Daniel J. Boorstin -

자유란 우리가 한 번도 상상하지 못했던
사람이 될 수 있는 기회이다.

- 다니엘 J. 부어스틴 -

MP3_071

자유란 우리가 한 번도 상상 못했던 모습으로 거듭날 수 있는 기회의 문입니다. 어제의 내가 오늘의 나와 다르듯, 내일의 나는 또 다른 색으로 멋지게 빛날 수 있습니다. 낯설고 두려운 변화 속에서도 자유는 우리에게 끝없는 변화의 가능성을 속삭입니다. 틀에 갇힌 삶이 아닌 마음이 이끄는 대로 나아갈 수 있는 권리, 그것이 자유입니다.

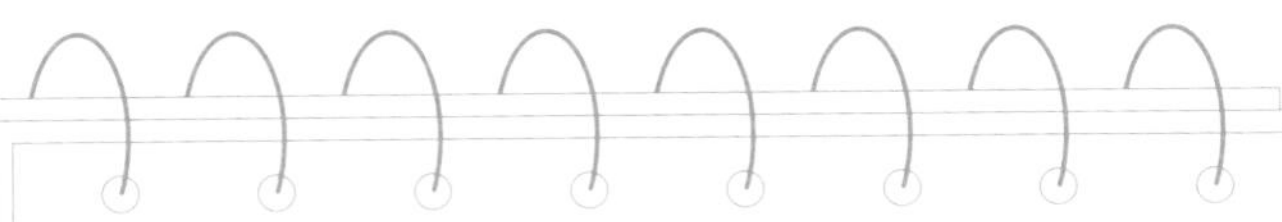

Writing Section

오늘의 명언을 천천히 곱씹으며
영문과 한글을 모두 필사해 보세요.
명언 속 궁금한 표현들은 아래의 설명을 참고하세요.

Expressions

- freedom = 자유 / mean = 의미하다
- opportunity (to-V) = (~할 수 있는) 기회
- what S+V = ~가 ~하는 것
- never V = ~하지 못하다/못했다
- think = 생각하다
- what we never thought (we would be)
  = 우리가 (될 거라) 생각하지 못했던 것[사람]

DAY 072

Better to die fighting for freedom than be a prisoner all the days of your life.

- Bob Marley -

자유를 위해 싸우다 죽는 것이
평생 감옥에 갇혀 사는 것보다 낫다.

- 밥 말리 -

MP3_072

자유를 갈망하는 자의 심장은 뛰는 법을 잊지 않습니다.
마지막 숨이 투쟁의 현장에서 멈출지라도
그 순간은 영원보다 찬란합니다.
몸은 쓰러질지라도, 영혼은 결코 무릎 꿇지 않습니다.
자유를 위해 흘린 땀과 피는 뜨겁게 땅에 스며들어
언젠가 또 다른 누군가의 날개가 되어 줄 것입니다.

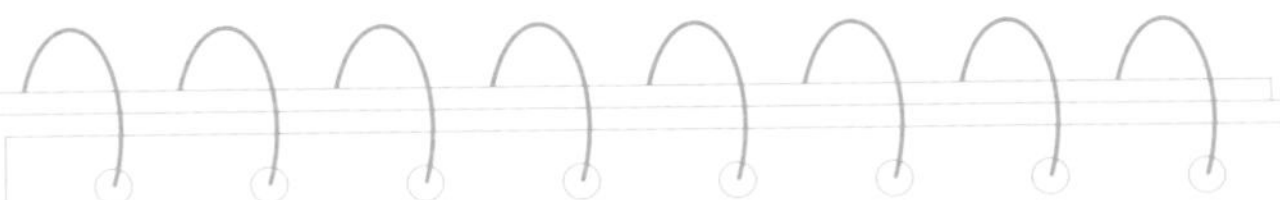

Writing Section

오늘의 명언을 천천히 곱씹으며
영문과 한글을 모두 필사해 보세요.
명언 속 궁금한 표현들은 아래의 설명을 참고하세요.

Expressions

- Better to-V = ~하는 것이 낫다
- die (V-ing) = (~하다) 죽다
- for = ~을 위해
- prisoner = (감옥에 갇힌) 죄수
- all the days of one's life = ~가 살아있는 동안
- all the days of your life = 당신이 살아있는 동안
  ('(당신의 인생) 평생'이라고 의역)

DAY 073

The greatest threat to freedom is the absence of criticism.

- Wole Soyinka -

자유에 대한 가장 큰 위협은
비판이 없는 것이다.

- 월레 소잉카 -

MP3_073

아무도 질문하지 않는 세상은 고요하지만
그 고요 속에서 자유는 점점 작아져 갑니다.
비판 없는 자유는 마치 창문 없는 방 안의 촛불처럼
서서히 공기가 부족해 결국은 꺼지고 맙니다.
자유는 칭찬이 아닌 의심 속에서 숨을 쉬고
동의가 아닌 불편한 질문 속에서 참된 가치를 찾습니다.

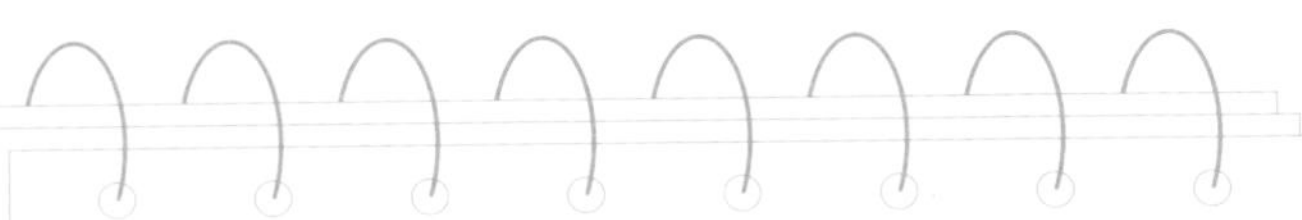

Writing Section

오늘의 명언을 천천히 곱씹으며
영문과 한글을 모두 필사해 보세요.
명언 속 궁금한 표현들은 아래의 설명을 참고하세요.

Expressions

- great = (평균 이상으로) 큰
- the greatest = 가장 큰
- threat (to) = (~에 대한) 위협
- the absence of = ~의 없음[부재]
- criticism = 비판
- the absence of criticism = 비판의 없음[부재]
  ('비판이 없는 것'이라고 의역)

DAY 074

Freedom is the right to tell people what they do not want to hear.

- George Orwell -

자유는 사람들이 듣기 싫어하는 말을
할 수 있는 권리이다.

- 조지 오웰 -

MP3_074

자유란 어둠에 휩싸인 방에 돌멩이를 던지는 것과 같습니다.
돌멩이가 유리창을 깨뜨려 순간의 평화가 깨질지라도
깨어진 틈 사이로 빛이 들어와 결국 어둠을 몰아냅니다.
우리가 편안한 어둠 속에 안주하며 잠들지 않도록
용감하게 불씨를 내던지는 힘, 파장을 일으킬지라도
진실을 말할 수 있는 용기가 진정한 자유의 힘입니다.

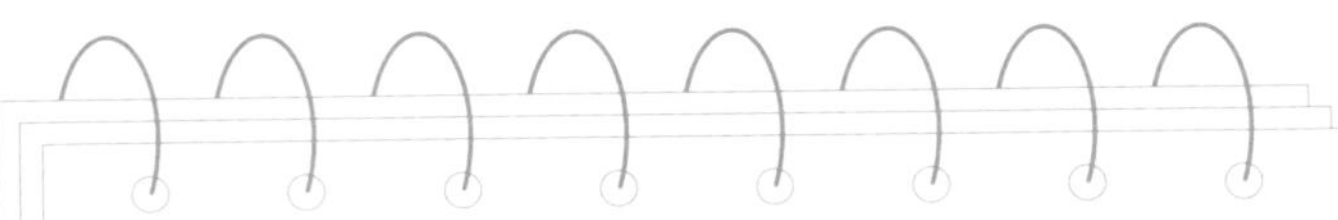

Writing Section

오늘의 명언을 천천히 곱씹으며
영문과 한글을 모두 필사해 보세요.
명언 속 궁금한 표현들은 아래의 설명을 참고하세요.

Expressions

- right = 권리
- the right to-V = ~할 수 있는 권리
- tell somebody something = ~에게 ~을 말하다
- people = 사람들
- what S+V = ~가 ~하는 것
- do not want to-V = ~하기 싫다
- hear = 듣다

DAY 075

The truth will set you free, but first it will make you miserable.

- James A. Garfield -

진실은 당신을 자유롭게 하겠지만,
그 전에 당신을 고통스럽게 할 것이다.

- 제임스 A. 가필드 -

MP3_075

진실은 창문을 열 때 밀려오는 차가운 바람과 같습니다.
안락했던 방안에 한순간에 휘몰아쳐 우리를 시리게 하지만
바람이 지나가고 나면 맑고 투명한 숨을 쉬게 됩니다.
이렇듯, 진실이 처음엔 우리를 힘들게 할지라도
그 아픔과 시련이 지나간 자리에 남는 것은
깃털처럼 가벼워진 마음과 투명한 자유입니다.

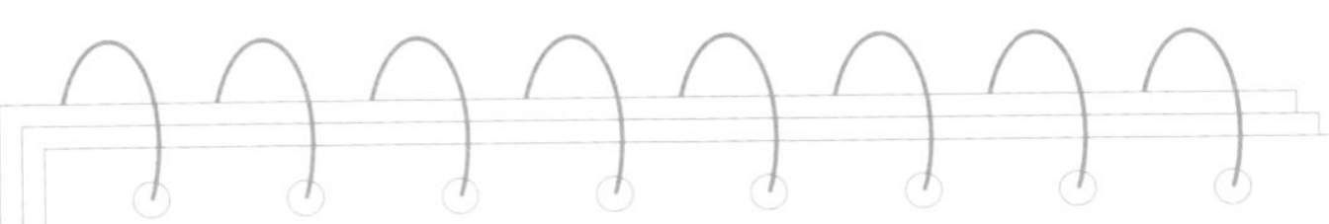

Writing Section

오늘의 명언을 천천히 곱씹으며
영문과 한글을 모두 필사해 보세요.
명언 속 궁금한 표현들은 아래의 설명을 참고하세요.

Expressions

- truth = 진실, 사실
- set = (특정한 상태에 있게) 하다
- set somebody Adv. = ~을 ~하게 하다
- free = 자유로운
- first = 처음(에)
- make somebody Adv. = ~을 ~하게 만들다
- miserable = 비참한[고통스러운]

The more freedom we enjoy, the greater the responsibility we bear.

- Queen Elizabeth II -

우리가 누리는 자유가 클수록
우리가 짊어져야 할 책임도 커진다.

- 엘리자베스 2세 -

MP3_076

자유는 마치 방향키를 잡은 선장의 손과 같습니다.
파도가 잔잔할 땐 책임을 느끼기 어렵지만, 폭풍이 몰아칠 땐
그가 선택한 방향에 선원들의 삶이 달려 있습니다.
진정한 자유란 마음껏 누리기만 하는 권리가 아닙니다.
내게 주어진 권리 속에 올바른 선택을 할 수 있는
용기와 책임까지 품어야 진정한 자유입니다.

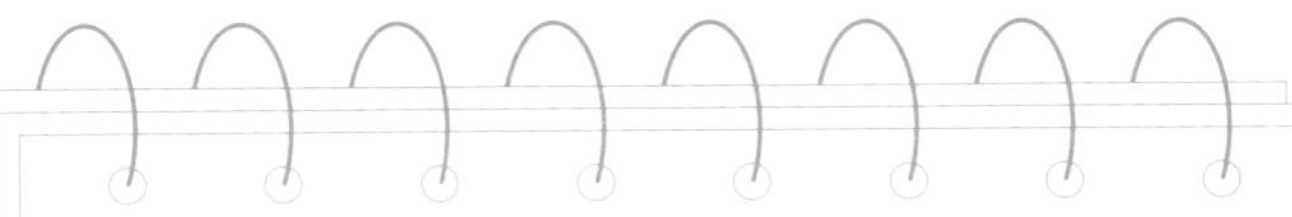

Writing Section

오늘의 명언을 천천히 곱씹으며
영문과 한글을 모두 필사해 보세요.
명언 속 궁금한 표현들은 아래의 설명을 참고하세요.

Expressions

- the more freedom = 더 많은 자유
- the more freedom we enjoy
  = 우리가 누리는 자유가 더 많을수록[클수록]
- responsibility = 책임
- bear = 견디다; (책임을) 지다
- the greater the responsibility we bear
  = 우리가 짊어진[짊어져야 할] 책임도 더 크다

Freedom is not the right to do what we want, but what we ought.

- Abraham Lincoln -

자유는 우리가 원하는 것을 할 권리가 아니라,
해야 할 일을 할 권리이다.

- 에이브러햄 링컨 -

MP3_077

진정한 자유란 바람 따라 멋대로 달리는 항해가 아닌
올바른 항로를 향해 돛을 달고 바람을 뚫고 나아가는 힘,
무한한 선택지 속에서 옳음을 고르는 내면의 힘입니다.
하고 싶은 것만 쫓는 것은 순간의 해방일 뿐,
마음이 원하는 것 너머 '해야 할 것'의 아름다움을
발견하는 것이야말로 품위 있는 자유입니다.

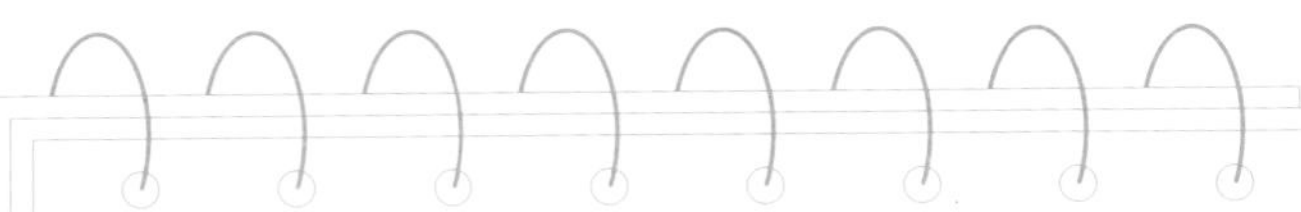

Writing Section

오늘의 명언을 천천히 곱씹으며
영문과 한글을 모두 필사해 보세요.
명언 속 궁금한 표현들은 아래의 설명을 참고하세요.

Expressions

- Freedom is not A, but B
  = 자유는 A가 아니라, B이다
- the right to-V = ~할 권리
- do = 하다
- what S+V = ~가 ~하는 것
- want = 원하다, 바라다
- ought = ~해야 하다

20 년 월 일

Those who deny freedom to others deserve it not for themselves.

- Abraham Lincoln -

다른 이의 자유를 빼앗는 사람은
그 자신도 자유를 누릴 자격이 없다.

- 에이브러햄 링컨 -

MP3_078

타인에게 자유를 허락하지 않는 이는
창문을 닫아놓고 햇빛을 기대하는 것과 같습니다.
이는 타인의 세상만 어둡게 만드는 것이 아니라
스스로의 세상조차 어둠으로 채우는 어리석음입니다.
타인의 자유를 부정하고 억누르는 손은 결국
자신의 숨결마저 스스로 옥죄는 것임을 알아야 합니다.

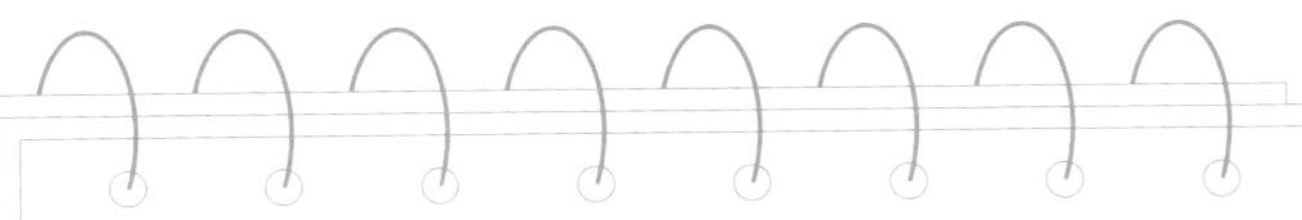

Writing Section

오늘의 명언을 천천히 곱씹으며
영문과 한글을 모두 필사해 보세요.
명언 속 궁금한 표현들은 아래의 설명을 참고하세요.

Expressions

- those who V = ~하는 사람들
- deny = 부정하다 / other = 다른 이
- deny freedom to others
  = 다른 이들에 대한 자유를 부정하다
  ('다른 이의 자유를 빼앗다'라고 의역)
- deserve = (~을) 누릴 자격이 있다
- themselves = 그들 자신

DAY 079

Freedom, in any case, is only possible by constantly struggling to preserve it.

- Albert Einstein -

자유는 어떠한 경우에도 그것을 지키기 위한
끊임없는 투쟁 속에서만 가능하다.

- 알베르트 아인슈타인 -

MP3_079

자유는 꺼트리지 않기 위해 계속 장작을 줘야 하는 '불꽃'입니다.
끊임없이 지키려는 그 노력 속에서만 자유는 그 가치를 드러내며,
멈추는 순간 자유는 서서히 손가락 사이로 빠져나갑니다.
자유란 지키기 위해 싸울 때에 진실로 존재할 수 있습니다.
싸움 없이 얻어진 자유는 신기루처럼 쉽게 사라지고,
지켜낸 자유는 우리의 영혼을 더욱 빛나게 합니다.

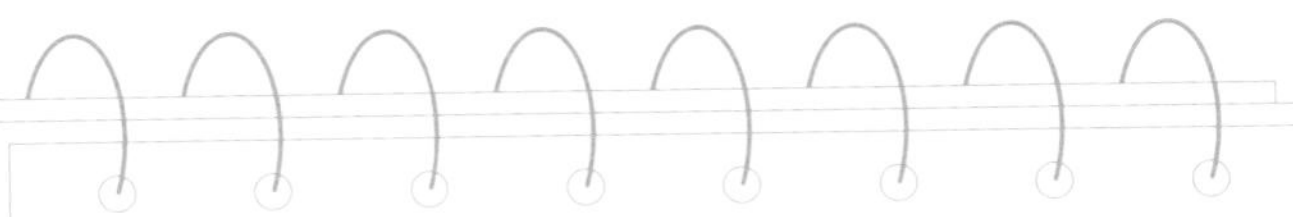

Writing Section

오늘의 명언을 천천히 곱씹으며
영문과 한글을 모두 필사해 보세요.
명언 속 궁금한 표현들은 아래의 설명을 참고하세요.

Expressions

- in any case = 어떠한 경우에도
- possible = 가능한 / by V-ing = ~하는 것을 통해
- constantly = 끊임없이 / struggle = 투쟁하다
- possible by constantly struggling
  = 끊임없이 투쟁하는 것을 통해 가능한
  ('끊임없는 투쟁 속에서 가능한'라고 의역)
- preserve = 지키다

Liberty, when it begins to take root, is a plant of rapid growth.

- George Washington -

자유는 한 번 뿌리를 내리기 시작하면
빠르게 자라나는 식물과 같다.

- 조지 워싱턴 -

MP3_080

자유란 처음에 벽돌 틈새에 내려앉은 작은 씨앗과 같지만
억압을 뚫고 나와 햇빛을 갈망하며 바람처럼 빠르게 자랍니다.
그렇게 한 번 뿌리내리면 불길처럼 순식간에 번지며
바깥으로 퍼져나가 세상을 푸르게 덮는 나무가 되고,
이윽고 푸르른 가지는 사람들의 꿈과 희망을 품어
끝없이 자유롭고 새로운 삶들을 피워냅니다.

Writing Section

오늘의 명언을 천천히 곱씹으며
영문과 한글을 모두 필사해 보세요.
명언 속 궁금한 표현들은 아래의 설명을 참고하세요.

Expressions

- liberty = 자유
- when = ~일 때, ~이면
- begin (to-V) = (~하기) 시작하다
- root = 뿌리 → take root = 뿌리를 내리다
- plant = 식물
- rapid = 빠른 / growth = 성장
- a plant of rapid growth = 빠르게 자라는 식물

CHAPTER 08

Freedom

071 Freedom means the opportunity to be what we never thought we would be. - Daniel J. Boorstin

072 Better to die fighting for freedom than be a prisoner all the days of your life. - Bob Marley

073 The greatest threat to freedom is the absence of criticism. - Wole Soyinka

074 Freedom is the right to tell people what they do not want to hear. - George Orwell

075 The truth will set you free, but first it will make you miserable. - James A. Garfield

076 The more freedom we enjoy, the greater the responsibility we bear. - Queen Elizabeth II

077 Freedom is not the right to do what we want, but what we ought. - Abraham Lincoln

078 Those who deny freedom to others deserve it not for themselves. - Abraham Lincoln

079 Freedom, in any case, is only possible by constantly struggling to preserve it. - Albert Einstein

080 Liberty, when it begins to take root, is a plant of rapid growth. - George Washington

CHAPTER 09

Justice
정의

나 자신, 가족, 친구, 사회가
건강하고 조화롭게 공존하는 데
필수인 '정의'에 대한 글귀들.

If we do not maintain justice, justice will not maintain us.

- John Adams -

우리가 정의를 지키지 않으면,
정의도 우리를 지켜 주지 않을 것이다.

- 존 아담스 -

MP3_081

정의는 우리가 기댈 수 있는 든든한 나무입니다.
하지만 우리가 정의라는 나무의 뿌리를 돌보지 않으면
언젠가 그 나무는 서서히 시들어가다 결국 쓰러져
우리를 보호할 그늘조차 남기지 않을 것입니다.
정의는, 우리가 지키는 만큼 우리 곁에 머무릅니다.
그리고, 우리가 외면할 때 조용히 등을 돌립니다.

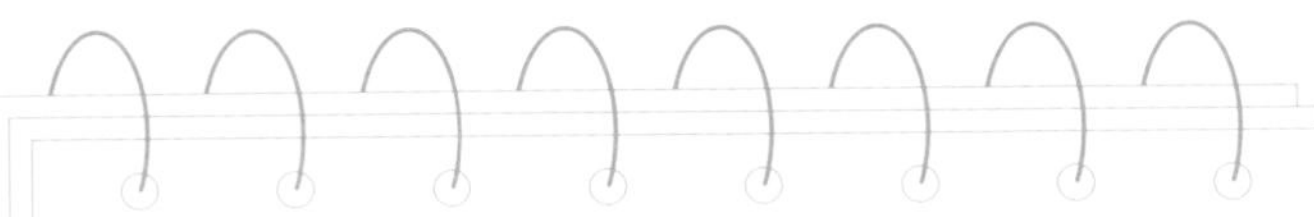

Writing Section

오늘의 명언을 천천히 곱씹으며
영문과 한글을 모두 필사해 보세요.
명언 속 궁금한 표현들은 아래의 설명을 참고하세요.

Expressions

- if = (만약) ~면 / do not V = ~하지 않다
- If we do not V = 우리가 ~하지 않으면
- maintain = 유지하다, 지키다
- justice = 정의
- If we do not maintain justice
  = 우리가 정의를 지키지 않으면
- will not V = ~하지 않을 것이다

The only thing necessary for the triumph of evil is for good men to do nothing.

\- Edmund Burke -

악이 승리하는 데 필요한 유일한 조건은
선한 사람들이 아무것도 하지 않는 것이다.

\- 애드먼드 버크 -

MP3_082

어둠 속에서 촛불 하나가 꺼지면 방 전체가 깜깜해지듯
선한 마음을 가진 이들이 침묵하고 외면할 때
온 세상은 차가운 무관심과 악에 잠식됩니다.
하지만, 작은 촛불 하나가 다시 켜지는 순간
미약한 불씨는 커다란 빛이 되어 결국 어둠을 몰아냅니다.
선한 힘이 촛불처럼 켜질 때, 세상은 밝아질 수 있습니다.

Writing Section

오늘의 명언을 천천히 곱씹으며
영문과 한글을 모두 필사해 보세요.
명언 속 궁금한 표현들은 아래의 설명을 참고하세요.

Expressions

- the only thing Adv. = ~한 유일한 것[조건]
- The only thing Adv. is for A to-V
  = ~한 유일한 것[조건]은 A가 ~하는 것이다
- necessary (for) = (~에) 필요한
- triumph = 승리 / evil = 악
- good men = 좋은[선한] 사람들
- do nothing = 아무것도 하지 않다

20 년 월 일

Our lives begin to end the day we become silent about things that matter.

- Martin Luther King Jr. -

우리가 중요한 것들에 대해 침묵하는 날,
우리의 삶은 끝나기 시작한다.

- 마틴 루터 킹 주니어 -

MP3_083

우리가 소중한 것들에 대해 침묵하는 순간
비겁한 고요함은 우리의 마음속 깊은 곳에 작은 균열을 만들고
그 틈에 스며든 침묵의 무관심은 영혼을 서서히 갉아먹습니다.
말하지 않는 세상은 평화가 아닌 죽어가는 침체에 불과합니다.
목소리를 내야 우리는 다시 살아 숨 쉬기 시작하고
세상은 비로소 변화의 숨결로 물들 수 있습니다.

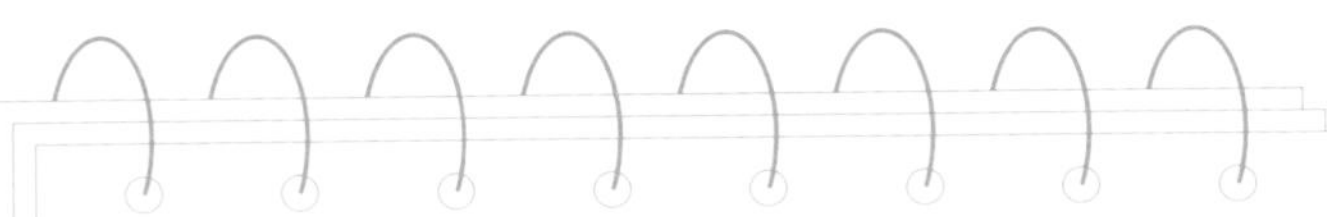

Writing Section

오늘의 명언을 천천히 곱씹으며
영문과 한글을 모두 필사해 보세요.
명언 속 궁금한 표현들은 아래의 설명을 참고하세요.

Expressions

- life = 삶, 인생
- begin to-V = ~하기 시작하다 / end = 끝나다
- the day S+V = ~가 ~하는 날
- become Adv. (about) = (~에 대해) ~하게 되다
- silent = 조용한, 침묵하는
- things that V = ~하는 것들
- matter = 중요하다, 문제되다

It is not only what we do, but also what we do not do, for which we are accountable.

- Molière –

우리가 책임져야 하는 것엔 우리가 한 일뿐만 아니라
하지 않은 일도 포함된다.

- 몰리에르 -

MP3_084

우리는 우리가 행한 것에만 책임이 있지 않습니다.
우리가 외면한 진실, 살면서 베풀지 않은 옳은 일들은
결국 우리 마음속에 부메랑처럼 돌아와 꽂혀
상처와 생채기, 후회의 흔적을 깊숙이 남깁니다.
그러니 우리는 가만히 머물고 있는 순간에도
침묵한 것들에 대해 책임이 따름을 기억해야 합니다.

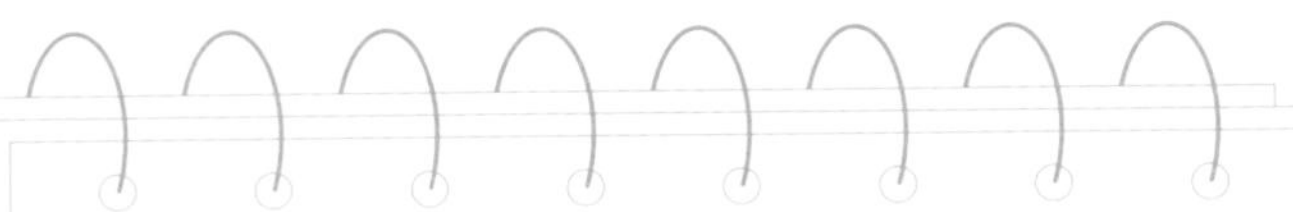

Writing Section

오늘의 명언을 천천히 곱씹으며
영문과 한글을 모두 필사해 보세요.
명언 속 궁금한 표현들은 아래의 설명을 참고하세요.

Expressions

- It is not only A, but also B, for C
  = C인 것은 A뿐만 아니라 B이(기도 하)다
- what we V = 우리가 ~하는 것[일]
- what we do not V = 우리가 ~하지 않는 것[일]
- which we are Adv. = 우리가 ~인 것
- do = 하다
- accountable = 책임이 있는

DAY 085

It is not enough to be just; one must be justly courageous.

- Vera Brittain -

단지 정의롭기만 해서는 충분하지 않다;
정의롭게 용감해야 한다.

- 베라 브리튼 -

MP3_085

정의 없는 용기는 방향을 잃은 무모함일 뿐이며
용기 없는 정의는 말뿐인 이상일뿐입니다.
진정한 정의는 두려움 앞에 움츠러들지 않고
불편한 진실조차 외면하지 않는 담대함 속에서 빛납니다.
정의롭되, 그 정의를 지키고자 흔들림 없는 용기를 내는 것,
그것이 우리가 추구해야 할 진정한 정의입니다.

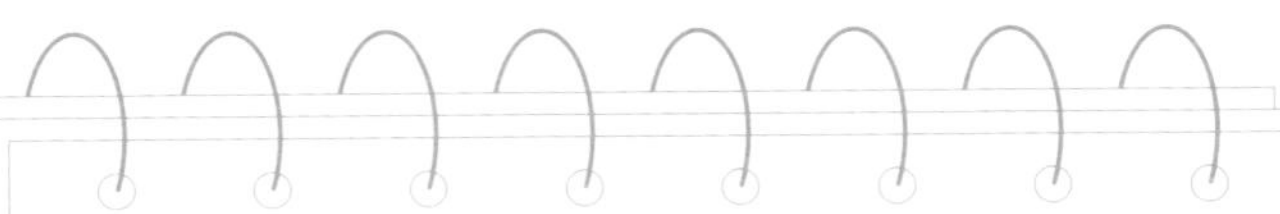

Writing Section

오늘의 명언을 천천히 곱씹으며
영문과 한글을 모두 필사해 보세요.
명언 속 궁금한 표현들은 아래의 설명을 참고하세요.

Expressions

- It is not enough = 충분하지 않다
- It is not enough to be Adv.
  = ~하기만 해서는 충분하지 않다
- just = 공정한, 정의로운
- must be Adv. = (반드시) ~해야 한다
- justly = 공정하게, 정의롭게
- courageous = 용감한

It is not enough to have a good mind; the main thing is to use it well.

- René Descartes –

좋은 생각을 가지는 것만으로는 충분하지 않다;
중요한 것은 그것을 잘 활용하는 것이다.

- 르네 데카르트 -

MP3_086

좋은 생각을 가졌다는 건 좋은 악기를 가진 것과 같습니다.
그 악기를 그저 방치한다면, 세상에 좋은 울림을 낼 수 없습니다.
좋은 생각이 있다면, 가슴속에 품기만 할 것이 아니라
세상 밖으로 꺼내 날개를 펼치게 해야 숨 쉬는 지혜가 됩니다.
아무리 빛나는 별일지라도 밤하늘에 떠 있어야 합니다.
그래야 사람들에게 밝은 빛을 비추는 영향력이 될 테니까요.

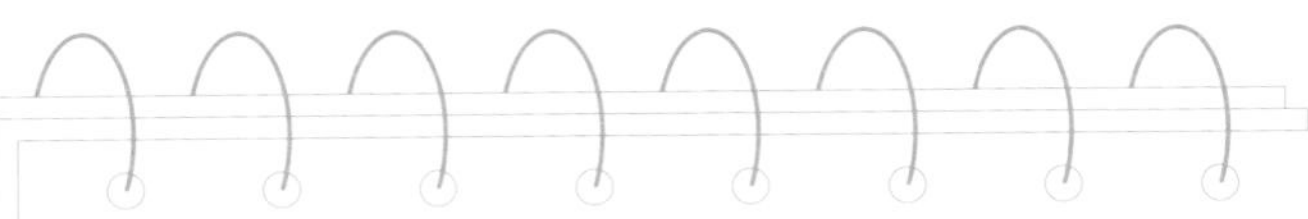

Writing Section

오늘의 명언을 천천히 곱씹으며
영문과 한글을 모두 필사해 보세요.
명언 속 궁금한 표현들은 아래의 설명을 참고하세요.

Expressions

- It is not enough to-V
  = ~하는 것만으로는 충분하지 않다
- have = 가지다 / good mind = 좋은 생각
- main = 중요한, 주된 / thing = 것
- The main thing is to-V
  = 중요한 것은 ~하는 것이다
- use = 사용[활용]하다 / well = 잘

The law is not the law if it violates the principles of eternal justice.

- Lydia Maria Child -

법이 영원한 정의의 원칙을 어긴다면,
그것은 더 이상 법이 아니다.

- 리디아 마리아 차일드 -

MP3_087

법이란 단순히 글자로 적힌 규칙이 아닙니다.
사람들의 마음을 울리는 정의의 메아리여야 합니다.
법이 영원한 정의의 원칙을 위반한다면, 그것은 더 이상
우리를 보호하는 울타리가 아닌 억압의 굴레일 뿐입니다.
진정한 법은 차가운 판결문 속에 갇혀 있어선 안 됩니다.
약자의 눈물과 강자의 양심 속에 살아 숨 쉬어야 합니다

Writing Section

오늘의 명언을 천천히 곱씹으며
영문과 한글을 모두 필사해 보세요.
명언 속 궁금한 표현들은 아래의 설명을 참고하세요.

Expressions

- law = 법
- if = (만약) ~면
- violate = 위반하다, 어기다
- principle = 원칙, 원리
- eternal = 영원한, 끊임없는
- if it violates the principles of eternal justice
  = 그것[법]이 영원한 정의의 원칙을 어긴다면

20 년 월 일

The true measure of a man is what he does with power.

- Plato -

사람의 진정한 가치는 그가 권력을
손에 쥐었을 때 무엇을 하느냐로 판단된다.

- 플라톤 -

MP3_088

권력은 사람의 영혼을 비추는 유리창과 같습니다.
권력을 손에 쥐기 전엔 누구나 선한 얼굴이지만
손에 움켜쥔 순간 진짜 얼굴이 드러납니다.
어떤 이는 권력을 칼처럼 휘두르며 자신만의 왕국을 세우고,
어떤 이는 권력을 촛불처럼 밝혀 세상을 빛으로 채웁니다.
권력은 가지는 것이 아닌, 나눌 때 진정한 가치를 가집니다.

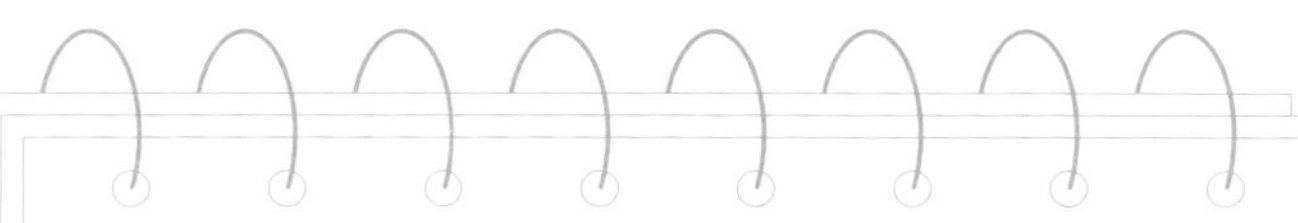

Writing Section

오늘의 명언을 천천히 곱씹으며
영문과 한글을 모두 필사해 보세요.
명언 속 궁금한 표현들은 아래의 설명을 참고하세요.

Expressions

- true = 참된, 진정한
- measure (of) = (~의) 척도, 기준
- man = 사람
- the true measure of a man
  = 사람의[사람을 판단하는] 진정한 척도
- what he does (with) = 그가 (~으로) 무엇을 하느냐
- power = 힘, 권력, 세력

The best way to find yourself is to lose yourself in the service of others.

- Mahatma Gandhi -

자신을 찾는 가장 좋은 방법은
타인을 위해 헌신하는 데 자신을 잃는 것이다.

- 마하트마 간디 -

MP3_089

타인의 기쁨이 내 심장을 두드릴 때, 그 떨림 속에서
우리는 스스로가 얼마나 빛나는 존재인지 깨닫게 됩니다.
자신을 찾고 싶다면 타인의 삶 속에 과감히 뛰어들어 보세요.
누군가의 짐을 덜어 주며 흘린 그 귀한 땀방울로부터
우리는 마음속 깊은 곳에 있던 사랑과 공감을 마주하며
거울처럼 맑은 자신의 모습을 발견하게 될 것입니다.

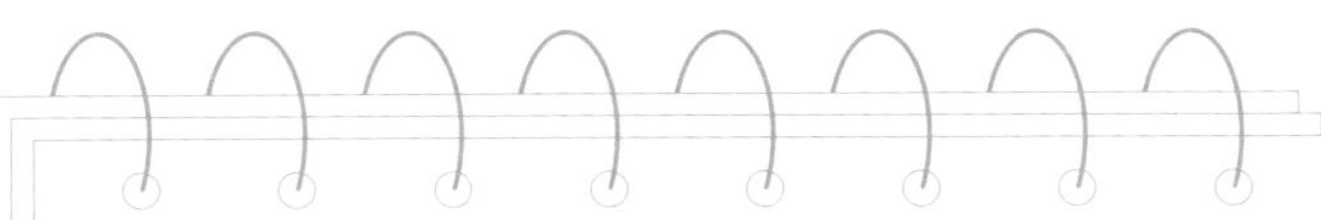

Writing Section

오늘의 명언을 천천히 곱씹으며
영문과 한글을 모두 필사해 보세요.
명언 속 궁금한 표현들은 아래의 설명을 참고하세요.

Expressions

- the best way to-V = ~하는 가장 좋은 방법
- find = 찾다, 발견하다 / lose = 잃다
- yourself = 당신 자신
- service = 봉사
- in the service of = ~에 대해 봉사하는
  ('~을 위해 헌신하는'이라고 의역)
- other = 다른 사람, 타인

20 년 월 일

Justice is a machine that, when someone has been injured, it has to heal the wound.

- Thomas More -

정의란 누군가가 상처를 입었을 때,
그 상처를 치유해야 하는 기계와 같다.

- 토머스 모어 -

MP3_090

누군가가 부당함에 의해 상처를 입으면
정의라는 기계는 자동으로 작동을 시작합니다.
이 기계는 단순히 잘못을 바로잡는 것에 그치지 않고
상처의 깊이를 들여다보고, 고통의 원인을 정확히 파악해
억울함에 금이 간 마음을 천천히, 그러나 확실하게 꿰매어
다시금 온전한 상태로 돌아갈 수 있게 해 줍니다.

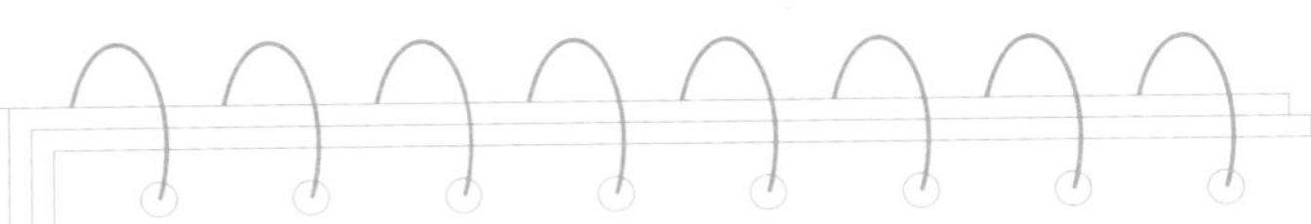

Writing Section

오늘의 명언을 천천히 곱씹으며
영문과 한글을 모두 필사해 보세요.
명언 속 궁금한 표현들은 아래의 설명을 참고하세요.

Expressions

- machine = 기계
- when = ~인 때, ~인 경우
- someone = 누군가
- injure = 상처를 입다[입히다]
- have[has] to-V = ~해야 한다
- heal = 치유하다, 고치다
- wound = 상처, 부상

CHAPTER 09

Justice

081 If we do not maintain justice, justice will not maintain us. - John Adams

082 The only thing necessary for the triumph of evil is for good men to do nothing. - Edmund Burke

083 Our lives begin to end the day we become silent about things that matter. - Martin Luther King Jr.

084 It is not only what we do, but also what we do not do, for which we are accountable. - Molière

085 It is not enough to be just; one must be justly courageous. - Vera Brittain

086 It is not enough to have a good mind; the main thing is to use it well. - René Descartes

087 The law is not the law if it violates the principles of eternal justice. - Lydia Maria Child

088 The true measure of a man is what he does with power. - Plato

089 The best way to find yourself is to lose yourself in the service of others. - Mahatma Gandhi

090 Justice is a machine that, when someone has been injured, it has to heal the wound.
- Thomas More

CHAPTER 10

Life
인생

시작과 끝이 있는 한 번뿐인 삶.
이 삶을 지혜롭게 살아내는 법에
대한 주옥 같은 글귀들.

20 년 월 일

DAY 091

You only live once, but if you do it right, once is enough.

- Mae West -

인생은 한 번뿐이지만, 제대로 살아낸다면
그 한 번이면 충분하다.

- 메이 웨스트 -

MP3_091

우리는 수많은 선택의 기로에서 망설이지만
결국 중요한 건 '얼마나 오래 살았느냐'가 아니라
'얼마나 진심으로, 얼마나 뜨겁게 살았느냐'일지도 모릅니다.
하루하루를 두려움 대신 설렘으로 채우고,
후회보단 추억으로 가득한 삶을 산다면
그 한 번의 인생은 영원보다 값진 이야기가 될 것입니다.

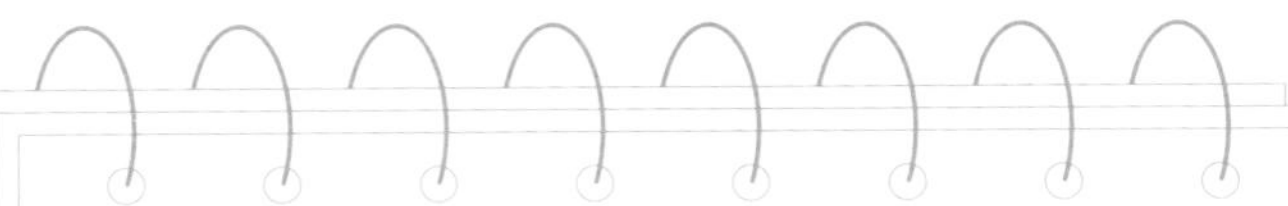

Writing Section

오늘의 명언을 천천히 곱씹으며
영문과 한글을 모두 필사해 보세요.
명언 속 궁금한 표현들은 아래의 설명을 참고하세요.

Expressions

- live = 살다 / once = 한 번
- You live only once = 당신은 한 번(만) 산다
  ('인생은 한 번뿐이다'라고 의역)
- right = 제대로, 정확히
- if you do it right = 당신이 그걸 제대로 해낸다면
  (제대로 해낸다면 → 제대로 살아낸다면)
- enough = 충분한

The greatest pleasure in life is doing what people say you cannot do.

- Walter Bagehot -

인생에서 가장 큰 기쁨은 사람들이
못 할 거라 말한 일을 해내는 것이다.

- 월터 배젓 -

MP3_092

삶에서 가장 짜릿한 순간은 한계를 넘어설 때 찾아옵니다.
"넌 못 할 거야"라는 남들의 의심 속에서 움튼 용기는
불가능을 가능으로 바꾸는 불씨가 되고, 결국 우리는
그들이 결코 예상 못한 빛나는 순간에 도달할 것입니다.
남들의 한계가 아닌, 나만의 가능성으로 길을 여는 것,
그것이 진정한 인생의 기쁨입니다.

Writing Section

오늘의 명언을 천천히 곱씹으며
영문과 한글을 모두 필사해 보세요.
명언 속 궁금한 표현들은 아래의 설명을 참고하세요.

Expressions

- great = (평균 이상으로) 큰
- pleasure = 기쁨
- the greatest pleasure = 가장 큰 기쁨
- life = 인생, 삶
- what S+V = ~가 ~하는 것
- people = 사람들 / say = 말하다
- cannot V = ~할 수 없다 / do = 하다

Life isn't about finding yourself. It's about creating yourself.

- George Bernard Shaw -

인생은 자신을 발견하는 것이 아니라
자신을 만들어가는 것이다.

- 조지 버나드 쇼 -

MP3_093

인생은 이미 완성된 나를 찾아내는 여정이 아닙니다.
빈 캔버스 위에 한 획씩 색을 더해가며
나만의 이야기를 그려가는 과정입니다.
때로는 실수로 번진 색조차도 그림의 일부가 되어
결국 세상에 하나뿐인 '나'라는 작품을 완성합니다.
찾기보다는 창조하는 것, 그것이 삶의 진정한 아름다움입니다.

Writing Section

오늘의 명언을 천천히 곱씹으며
영문과 한글을 모두 필사해 보세요.
명언 속 궁금한 표현들은 아래의 설명을 참고하세요.

Expressions

- life = 인생, 삶
- find = 찾다, 발견하다
- create = 창조하다, (새롭게) 만들다
- yourself = 당신 자신
- Life isn't about V-ing
  = 인생은 ~하는 (것에 대한) 것이 아니다
- It's about V-ing = ~하는 (것에 대한) 것이다

Your time is limited, so don't waste it living someone else's life.

- Steve Jobs -

당신의 시간은 한정적이다. 그러니
남의 삶을 사느라 그것을 낭비하지 마라.

- 스티브 잡스 -

MP3_094

남의 시선에 맞추느라 나의 색을 잃어버리는 순간
우리는 우리 자신만의 이야기를 잊게 되고 맙니다.
세상의 목소리보다 내 마음의 속삭임에 귀 기울일 때
비로소 진짜 나로 살아가는 길이 열립니다.
한정된 시간을 남의 삶의 배경으로 쓰지 마세요.
삶이라는 캔버스를 오롯이 당신만의 색으로 채워 가세요.

Writing Section

오늘의 명언을 천천히 곱씹으며
영문과 한글을 모두 필사해 보세요.
명언 속 궁금한 표현들은 아래의 설명을 참고하세요.

Expressions

- limited = 한정적인, 제한된
- don't V = ~하지 마라
- waste = 낭비하다
- waste it V-ing = ~하느라 그것을 낭비하다
- live = 살다 / someone else = 다른 어떤 사람
- someone else's life = 다른 어떤 사람의 삶
  ('남의 삶'이라고 의역)

DAY 095

It is better to be hated for what you are than to be loved for what you are not.

- André Gide –

있는 그대로의 당신으로 미움받는 것이
당신이 아닌 모습으로 사랑받는 것보다 낫다.

– 앙드레 지드 –

MP3_095

진짜 나로 살아간다는 것은 때론 외롭지만
가면을 쓰고 사랑받는 것보다 있는 그대로의 나를
받아들이는 것이 더 깊은 자유를 선사합니다.
진실된 내 모습이 그 누군가의 미움을 사게 할지라도
가짜 사랑의 거짓된 따뜻함에 얽매이기보다
진짜 나를 지키는 고독이 더 값진 것입니다.

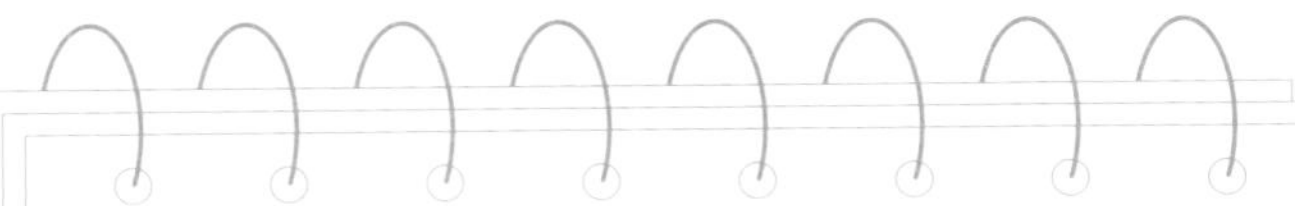

Writing Section

오늘의 명언을 천천히 곱씹으며
영문과 한글을 모두 필사해 보세요.
명언 속 궁금한 표현들은 아래의 설명을 참고하세요.

Expressions

- It is better to-V = ~하는 것이 낫다
- hate = 미워하다 / love = 사랑하다
- be hated for = ~으로 미움받다
- be loved for = ~으로 사랑받다
- what you are = 당신인 것[모습]
  ('있는 그대로의 당신'이라고 의역)
- what you are not = 당신이 아닌 것[모습]

To live is the rarest thing in the world. Most people exist, that is all.

- Oscar Wilde -

사는 것은 세상에서 가장 드문 일이다.
대부분의 사람들은 그저 존재할 뿐이다.

- 오스카 와일드 -

MP3_096

대부분의 사람들은 단지 숨 쉬고
하루를 흘려보내며 '존재'만 할 뿐입니다.
하지만 진정으로 '산다'는 것은 매 순간을 사랑하고,
두려움 없이 꿈꾸며, 마음속 깊은 곳에서 울려 퍼지는
삶의 목소리에 귀 기울이는 것입니다. 단순한 '존재'를 벗어나
자신만의 색으로 세상을 물들이는 것, 그것이 진짜 삶입니다.

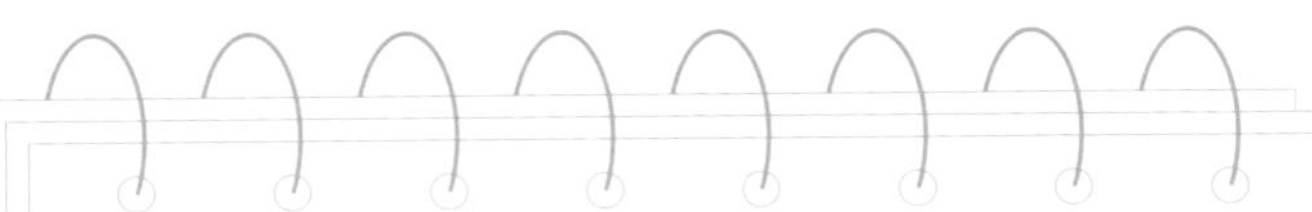

Writing Section

오늘의 명언을 천천히 곱씹으며
영문과 한글을 모두 필사해 보세요.
명언 속 궁금한 표현들은 아래의 설명을 참고하세요.

Expressions

- live = 살다 → to live = 사는 것
- rare = 드문 / thing = 것
- the rarest thing = 가장 드문 것[일]
- in the world = 세상에서
- (most) people = (대부분의) 사람들
- exist = 존재하다
- that is all = 그게 전부이다

Live as if you were to die tomorrow. Learn as if you were to live forever.

- Mahatma Gandhi -

내일 죽을 것처럼 살아라.
영원히 살 것처럼 배우라.

- 마하트마 간디 -

MP3_097

오늘이 끝인 줄 알고 뛰는 심장은 매 순간 불꽃처럼 타오릅니다.
그리고 영원이 있다고 믿는 마음은 지식을 별처럼 수놓습니다.
하루의 끝과 영원의 시작이 맞닿는 그 순간,
우리는 시간을 쥐고 춤추는 여행자가 됩니다.
죽음 앞에서도 삶을 갈망하고 끝없는 시간 속에서도
배움을 멈추지 않는 것, 그것이 진정 멋진 삶 아닐까요?

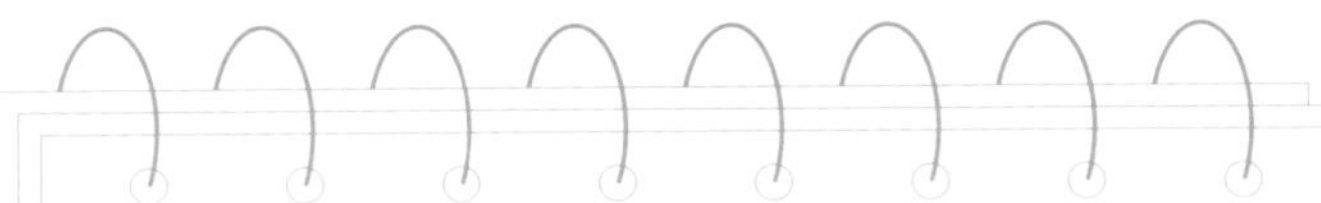

Writing Section

오늘의 명언을 천천히 곱씹으며
영문과 한글을 모두 필사해 보세요.
명언 속 궁금한 표현들은 아래의 설명을 참고하세요.

Expressions

- as if = (마치) ~인 것처럼
- live = 살다 / learn = 배우다
- Live/Learn as if you were to-V
  = 당신이 ~할 것처럼 살아라/배워라
- die = 죽다
- tomorrow = 내일
- forever = 영원히

20 년 월 일

Dwell on the beauty of life. Watch the stars, and see yourself running with them.

- Marcus Aurelius -

인생의 아름다움에 몰두하라. 별들을 보고,
별들과 함께 달리는 자신을 보라.

- 마르쿠스 아우렐리우스 -

MP3_098

눈을 감고 상상의 문을 열면
우리는 별빛의 물결 위를 달리는 유영자가 됩니다.
그곳에선 중력조차 마음을 붙잡지 못하고
우리의 영혼은 자유로이 별과 별 사이를 뛰어넘습니다.
삶의 고단함도 저 멀리 지구의 그림자에 남겨둔 채,
끝없는 우주의 숨결 속에서 진짜 우리 자신을 발견하게 됩니다.

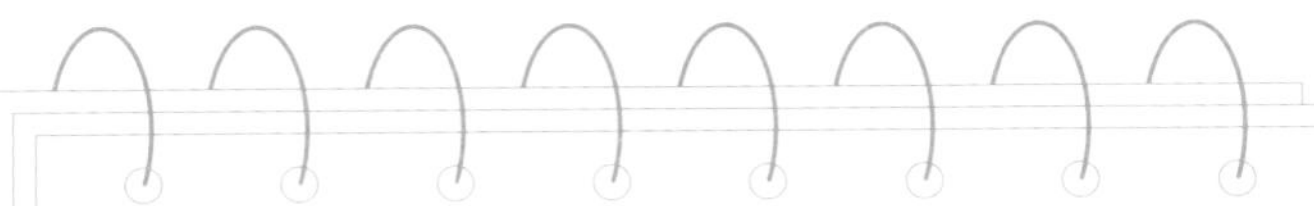

Writing Section

오늘의 명언을 천천히 곱씹으며
영문과 한글을 모두 필사해 보세요.
명언 속 궁금한 표현들은 아래의 설명을 참고하세요.

Expressions

- dwell on = ~에 몰두하다[깊이 생각하다]
- beauty = 아름다움
- the beauty of life = 인생의 아름다움
- watch = 보다, 관람하다 / star = 별
- see = 보다 / yourself = 당신 자신
- see yourself V-ing = ~하는 당신 자신을 보다
- run = 달리다

Life is a shipwreck, but we must not forget to sing in the lifeboats.

- Voltaire -

인생은 난파선과 같지만, 우리는 구명보트 위에서도
노래하는 것을 잊지 말아야 한다.

- 볼테르 -

MP3_099

인생이란 바다는 늘 잔잔하지 않습니다.
거센 파도에 삶이란 배가 난파되어 사방에 흩어져도
우리는 작은 구명보트 위에서 노래를 불러야 합니다.
구명보트는 단순한 탈출구가 아닌 절망 속에서도
희망을 심는 무대가 되어, 우리의 노래는 배의 잔해 속에
꽃과 같이 피어나 또 다른 미래를 약속할 것입니다.

Writing Section

오늘의 명언을 천천히 곱씹으며
영문과 한글을 모두 필사해 보세요.
명언 속 궁금한 표현들은 아래의 설명을 참고하세요.

Expressions

- shipwreck = 난파(선)
- must not V = ~하지 말아야 한다
- forget = 잊다
- forget to-V = ~하는 것을 잊다
- must not forget to-V
  = ~하는 것을 잊지 말아야 한다
- sing = 노래하다 / lifeboat = 구명보트

Don't be afraid your life will end; be afraid that it will never begin.

\- Grace Hansen -

삶이 끝나는 것을 두려워하지 말고,
삶이 시작되지 않는 것을 두려워하라.

\- 그레이스 한센 -

MP3_100

아직 오지 않은 끝을 걱정하느라
지금 이 순간, 가슴 뛰는 시작을 놓치고 있는 건 아닐까요?
삶은 기다려 주는 법이 없습니다. 두려움을 떨치고
첫걸음을 내딛는 순간, 비로소 우리는 진짜 살아있음을 느낍니다.
가장 용기 있는 선택은 완벽한 순간을 기다리는 것이 아니라
불완전한 지금을 끌어안고 삶을 시작하는 것일지 모릅니다.

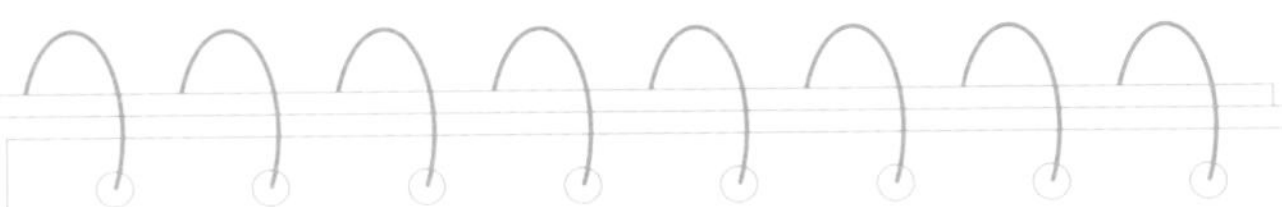

Writing Section

오늘의 명언을 천천히 곱씹으며
영문과 한글을 모두 필사해 보세요.
명언 속 궁금한 표현들은 아래의 설명을 참고하세요.

Expressions

- Don't be Adv. = ~하지 마라
- afraid = 두려워하는
- Don't be afraid (that) = ~을 두려워하지 마라
- will V = ~하게 되다
- will never V = (절대) ~하지 않게 되다
- end = 끝나다
- begin = 시작하다

CHAPTER 10

Life

091 You only live once, but if you do it right, once is enough. - Mae West

092 The greatest pleasure in life is doing what people say you cannot do. - Walter Bagehot

093 Life isn't about finding yourself. It's about creating yourself. - George Bernard Shaw

094 Your time is limited, so don't waste it living someone else's life. - Steve Jobs

095 It is better to be hated for what you are than to be loved for what you are not. - André Gide

096 To live is the rarest thing in the world. Most people exist, that is all. - Oscar Wilde

097 Live as if you were to die tomorrow. Learn as if you were to live forever. - Mahatma Gandhi

098 Dwell on the beauty of life. Watch the stars, and see yourself running with them. - Marcus Aurelius

099 Life is a shipwreck, but we must not forget to sing in the lifeboats. - Voltaire

100 Don't be afraid your life will end; be afraid that it will never begin. - Grace Hansen

S 시원스쿨닷컴